障害児をはぐくむ
楽しい保育
子どもの理解と音楽あそび

伊藤嘉子
小川英彦
[著]

黎明書房

まえがき

　1974年に厚生省（現：厚生労働省）は「障害児保育事業実施要綱」を定め障害児保育が制度化されました。それから30年余の月日が経過しました。そして，今日にいたっては，保育所や幼稚園での統合保育，通園施設や特別支援学校幼稚部での分離保育といったように障害児保育の形態は多様になってきています。統合保育にしても分離保育にしても，それぞれに長所をもちながら，可能な限り障害のある幼児の実態に応じた指導をする中でその子の発達を保障してきています。

　昨今では，保育所や幼稚園では「気になる子」と称され，軽度発達障害児の指導がクローズアップされつつあります。これらの子どもの中には，ＬＤ（学習障害），ＡＤＨＤ（注意欠陥多動性障害），ＡＳ（アスペルガー症候群）などの障害のある子どもが含まれています。このような子どもは，知的機能が遅れていないゆえ統合保育の場での対象児になっているのです。一方，分離保育の場では，自閉症の障害が多く占めるようになったり，障害の重度化が叫ばれたりしています。

　ところで，園や保育士養成校では，こうした今日的動向の中で，障害のある幼児の理解と指導をさらに進展させようとする努力が日々行われ，豊かな指導が積み重ねられています。たとえば，保育現場では事例検討会や研修会や講演がなされたり，保育士養成校のカリキュラムには障害児保育論が位置づけられたりといった趨勢にこうした今日の障害児保育の抱える課題への対応を垣間見ることができます。

　本書は，以上のような時代の要請に応えることができるようにという意図から，障害児保育の理論と実践について執筆してみました。ここでは，多様な障害のうち，園に比較的多くみられる知的障害を念頭に置いて述べてあります。

　前半は「Ⅰ　障害児を理解する」で，障害幼児の理解に始まり，障害児保育の目的・カリキュラム・内容を中心にして構成してみました。ここではとりあえず統合保育の場を中心に考えました。後半は「Ⅱ　楽しい音楽あそび」で，音楽あそびを通して実際の指導法に役立つようにまとめてあります。特に，障害幼児が興味をもってやれるような曲を選定することに心がけ，指導上で無理強いすることなく，本人の面白そうだなという内面の高まりになるように留意して整理しました。そして，各章の間には，章の内容との関連やⅠとⅡをリンクさせるようなことがらを紹介してみました。

　本書をこのような構成にしたのは，園で障害のある幼児のために懸命に取り組まれてみえる先生方の指導上の参考書となるように，さらに，将来において園で活躍しようと志している保育士養成校の学生諸君のテキストとなるようにと考えたからです。ささやかな本書の試みが，障害のある子どもたちの明日への発達につながることが筆者の願いであります。

伊藤嘉子・小川英彦

目　次

まえがき 1

Ⅰ　障害児を理解する

第1章　障害のある幼児の理解 …………………………………………………… 6

　　1　障害と発達について 6
　　2　生活について 8
コラム①　知的障害幼児と遊び 10

第2章　障害幼児の育つ過程の理解 ……………………………………………… 11

　　1　ある園児の指導・援助例（その1） 11
　　2　ある園児の指導・援助例（その2） 13
　　3　まとめ 16
コラム②　手の操作の発達をめぐって 17

第3章　障害児保育の目的 ………………………………………………………… 18

　　1　基本的生活習慣について 18
　　2　話しことばの基礎について 19
コラム③　いろいろな手遊びと劇遊び 21

第4章　障害児保育のカリキュラム ……………………………………………… 22

　　1　カリキュラムとは 22
　　2　カリキュラムの展開 22
　　3　障害児保育内容の基本構造 23

目　次

コラム④　芸術教育の領域について　25

第5章　障害児保育の内容　26

    1　生活リズムと基本的生活習慣の確立（生活づくり）　26
    2　音楽・造形・体育あそび　29
コラム⑤　知的障害幼児の遊びと大人の役割　30

Ⅱ　楽しい音楽あそび

音楽あそびへの導入

    1　リズムあそびをしよう　32
    2　「おーちたおちた」あそびをしよう　33
    3　ボディパーカッションあそびをしよう　34
    4　あんたがたどこさ（わらべうた）　36

指・手あそび

    1　あおむしでたよ（作詞・作曲不詳／木許　隆　編曲）　40
    2　グー・チョキ・パーでなにつくろう（作詞不詳・フランス民謡／木許　隆　編曲）　41
    3　とんとんとんとんひげじいさん（作詞・作曲不詳／伊藤嘉子　編曲）　42
    4　チョキチョキダンス（作詞・作曲不詳）　44
    5　ごんべさんのあかちゃん（作詞不詳・アメリカ民謡）　46
    6　でんでんむしどこだ（作詞・作曲不詳／伊藤嘉子　編曲）　48
    7　なにかな（伊藤嘉子　詞・曲）　50
    8　五人のこびと（作詞・作曲不詳／伊藤嘉子　編曲）　53
    9　ピクニック（作詞・作曲不詳／木許　隆　編曲）　54
   10　いっぴきの野ねずみ（作詞不詳・イギリス曲／伊藤嘉子　編曲）　56
   11　ピヨピヨひよこ（作詞・作曲不詳）　58
   12　小さな庭（作詞・作曲不詳）　60
   13　親子のきつね（作詞・作曲不詳／伊藤嘉子　編曲）　62
   14　きんぎょさんとめだかさん（作詞・作曲不詳／伊藤嘉子　編曲）　64

表現あそび

1 ちゅうりっぷ（近藤宮子　詞・井上武士　曲）66
2 ぶんぶんぶん（村野四郎　詞・文部省唱歌／伊藤嘉子　編曲）68
3 おはながわらった（保富康午　詞・湯山　昭　曲）70
4 せんせいとおともだち（吉岡　治　詞・越部信義　曲）72
5 いぬのおまわりさん（さとうよしみ　詞・大中　恩　曲）74
6 とんぼのめがね（額賀誠志　詞・平井康三郎　曲／木許　隆　編曲）79
7 きのこ（まどみちお　詞・くらかけ昭二　曲）82
8 にじ（新沢としひこ　詞・中川ひろたか　曲）86
9 あの青い空のように（丹羽謙治　詞・曲／伊藤嘉子　編曲）91

＊イラスト・岡崎園子

I
障害児を
理解する

第1章

障害のある幼児の理解

　障害のある子どもをどのように理解するかは，その指導を行う前提的なことがらです。すなわち，いかなる子ども観，しいては保育観をもっているかが，指導の過程にかなりの影響を与えることと考えられます。その意味では，子ども理解は実践の基底ともいえるのです。

　ここでは，第2章の指導・援助例とあわせて園に受け入れている障害幼児の中で多くの割合を占める，知的障害，自閉症，軽度発達障害のある幼児についてその理解を深めることにしましょう。これまで障害のある幼児の理解については，次の3つの視点が大切であると障害児保育実践の積み重ねの中で認められています。

　第一に，障害についての科学的な成果を学ぶことです。すなわち，障害をみつめることです。

　第二に，たとえ障害があろうとも発達してきており，これからも発達をしていくという発達の可能性についてです。

　第三に，これまで過ごしてきた，あるいは今送っている生活との関係でみるということです。

1　障害と発達について

　ここでは，障害と発達の関係を取り上げてみます。それは，子どもの発達を促していくことが，障害を軽減させるという相互の関係が障害児保育では欠かせない点だからです。

　まずは，発達障害という概念があります。これは，知的障害，自閉症，軽度発達障害（学習障害：ＬＤ，注意欠陥多動性障害：ＡＤＨＤ，アスペルガー症候群：ＡＳなど），てんかん，脳性まひといった発達の途上でつまずいているいくつかの障害を包括した考えです。ここでは，園で比較的多くみられる障害の特徴を述べることにしてみます。

　知的障害については，発達期に起こり，知的機能が低く，適応行動（たとえば食事，衣服の着脱，排泄など）の困難性をともなう状態と定義されます。ここでいう発達期というのはおおむね18歳以下をさしています。また，「知的機能が低く」とは，知的機能が平均的水準

第1章　障害のある幼児の理解

より低いということで，知能指数を基準とすると75以下とされます。適応行動の困難性は，感覚・運動・自己統制・健康・安全・意思交換などの技能が低く，特別な援助なしでは，同年齢段階の人と一緒に活動し，生活することが難しいことをさすとされます。

自閉症については，社会性の障害，コミュニケーションの障害，こだわりという特徴をもつとされます。社会性の障害というのは感情の共感や興味の共有が難しく，人間関係を広げにくいことをさします。たとえば，視線が合わない，孤立した遊びを好む，模倣をしないなどがあげられます。コミュニケーションの障害というのはことばを獲得しにくく，その発達が遅れます。さらに，オウム返しがあって会話が成立せず，ことばに抑揚がなく，感情がこめられていないことがあげられます。指差しや身振りといったことば以外のコミュニケーション手段の獲得が難しいことも含めます。こだわりというのは関心が狭く，特定の事物への執着がみられます。また，手をかざしたり，行ったり来たりすることを繰り返したりといった奇妙な反復行動がみられることもあります。変化への抵抗が強く，道順，日課，空間の位置関係にこだわる同一性保持の行動があります。

学習障害については，知的発達に遅れはないものの，聞く・読む・話す・書く・計算する・推論するのうち，特定の能力の習得や使用が著しく困難な状態をさします。

注意欠陥多動性障害については，注意力不足（集中力がないなど），衝動性（順番を待てないなど），多動性（じっとしていられないなど）を特徴とする行動の障害であります。

次に発達のとらえ方について，ここでは知的障害という障害を念頭にして述べてみることにします。図1は，発達の過程には質的な転換期があることを示しています。発達というのは獲得の過程であるともいわれていますが，知的障害のある幼児は，この質的転換期でつま

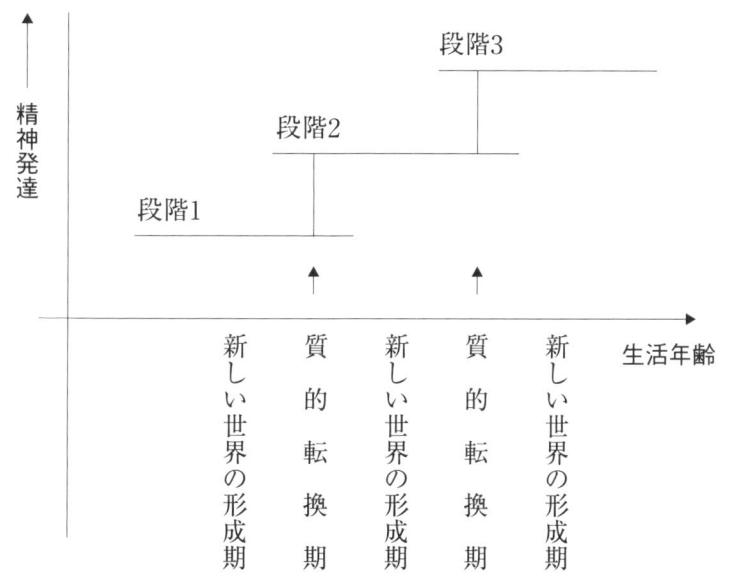

図1　発達過程の段階的理解

ずいているととらえられます。質的転換期は発達の節であり、良い意味では飛躍台にあたり、悪い意味では壁にあたることになります。知的障害をともなう場合には、この壁を乗り越えるのに時間を要し、結果として発達が遅れると理解することができましょう。また、このつまずきでは発達的に貧しい状況下に置かれることより、神経症的な症状がでたり、行動がパターン化したりしている場合があるとも指摘されます。

障害児保育や障害児教育の実践でしばしば取り上げられる発達の道筋における質的転換期は、1歳半、4歳、9歳にあるといわれます。各々の特徴をあげてみると次のようになります。

1歳半というのは、「～ではなく──だ」といいあらわされている様子、たとえば、「ワンワンではなくニャンニャンだ」というように、1つのものを否定して次の1つのものを選ぶという力が獲得できることになります。また、「トイレへ行ってらっしゃい」と大人にいわれて、トイレに行って戻ってくる、あるいは、モノを指示によってにぎる、はなすの行動ができるように、2つの要素（正と反）の間を可逆的に交通させる操作活動をもち始めたということになります。

4歳というのは、ふたつの力を「～しながら──する」というように組み合わせるという力ができていく様子、たとえば、手を頭の上でふりながら足で跳ぶといったうさぎとびができるようになります。また、話しことばを駆使し、書きことばを準備する時期、基本的生活習慣（食事、衣服の着脱、排泄、睡眠など）の一応の完成期にあたります。

9歳というのは、自分の当面するいろいろな生活の場面に対応するのに、これまでの時期のような直接的短絡的仕方ではなく、「考えて～する」ようになります。思考をくぐるという、外界の事態や状況を一度自分の内面にひきつけてから、再構成して認識、操作活動をする行動形態を獲得するのです。また、抽象的思考の本格的展開は13歳を過ぎてからといわれるものの、まだ十分なものではないが、抽象的な思考能力が芽生える点で特徴があります。

以上、障害と発達の両側面から子どもを理解することを指摘してきました。このように理解することによって、従来の知的障害を主にＩＱによって重度、中度、軽度というようにとらえようとした固定的な見方、および、発達に限界があるという考え方を克服していくことができるようになると考えられます。

2　生活について

障害幼児を理解するための、3つめの視点は、子どもの感情や意欲、そして、能力の発達の状態を生活との関連でみることです。先に述べた障害と発達の観点にとどまるのではなく、その子がこれまでにどのような生活を送ってきたのか、今どのような生活を送っているのかをみることになります。これらは、一人ひとりの現状に大きな影響を与えていると考え

られます。つまり，生育暦や生活経験，園以外の家庭や地域での生活の拠点，一人ひとりの過去と現在の生活から理解することです。

これまでの障害児保育実践の積み重ねの中で，たとえどんなに障害が重かろうと，その子どもの発達はその全生活の中で育まれ達成されていくものであることが確認されてきています。それが能動的な達成となるためには，まずは，子どもが生活の主体であることを確かめ，それにふさわしい生活が組織されるべきであるととらえられます。

障害幼児の一日の生活リズムがいかなる時空間の広がりの中で展開されているかを考えてみますと，生活の拠点というべき場があることに気づかされます。幼児期についていえば，図2のように，①居住の場（家庭，入所施設），②課業・通所の場（保育所・幼稚園・通園施設・特別支援学校幼稚部など），③地域での活動の場（遊び場・ボランティアサークル・家族の休養を目的としたレスパイトサービスなど）という3つの場があります。今，ここで3つを生活の拠点として取り上げたのは，第一に，子どもにとって必要不可欠な生活の役割をそれぞれが独自にもっていること，第二に，各々の場には異なる指導者によって構成された集団の活動があること，第三に，こうした場では生活への意欲が生じ，メリハリのある生活になることにあるからです。障害幼児の生活における時空間の窮乏化は生活の単調であって，発達の貧しさをまねくことから，基礎的な生活圏をベースにそれぞれの生活環境が整備され連携していくことが望ましいことになります。

昨今，障害の構造的な理解が進められ，WHO（世界保健機関）もICF（国際生活機能分類）というモデル図を改定してきています。そこでは，障害は特定の個人に帰属するものではなく，社会環境・生活環境によってつくり出される機能状態であること，障害のある人を対象にしてノーマライゼーションを進めていくには，環境要因の整備拡充を図る必要があることが強調されています。このように，障害幼児の理解には，生活をはじめ環境からみることが時代の流れにあります。

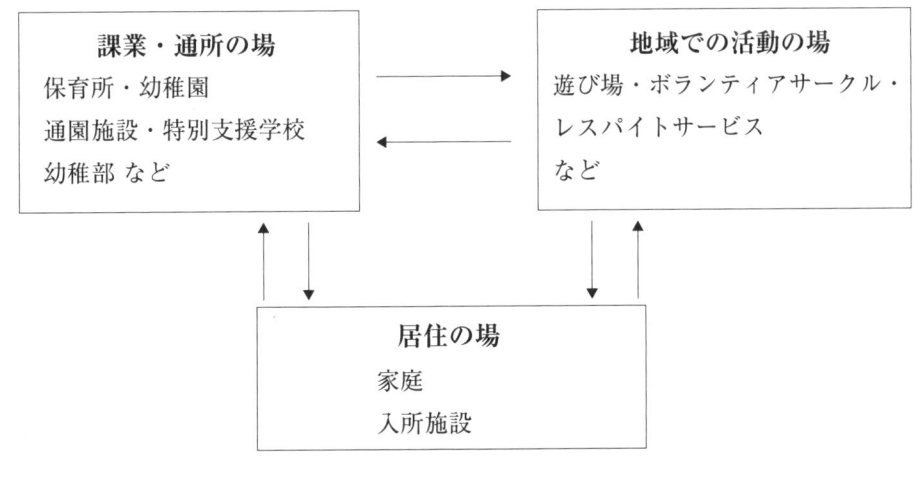

図2　生活の拠点

コラム①

知的障害幼児と遊び

　知的障害幼児の発達上における遊びは，基本的には，障害のない子どもと何ら変わるものではありません。遊びとは，運動・感覚器官を通して外界に能動的に働きかける行為です。この活動の主な特徴は，自由で自発的な活動であること，それ自体が魅力的で楽しいと思う活動であることがあげられましょう。

　子どもたちは，この遊びを通して，外界に対する興味や関心を膨らませ，手指，全身，諸感覚を駆使していろいろな対象に働きかけていきます。さらに，道具を使って対象に働きかけることもあります。

　このような活動を通しながら，手指や身体全体の機能を高めて，物事の認識を深めて，他の子どもたちや指導者との関係をつくりながら対人関係を広げていきます。以上，遊びという活動は，子どもたちが諸能力を獲得し，拡大する役割をもっているのです。まさしく，自己を身体的にも精神的にも，そして社会的にも最大限に実現していくことが可能である遊びを出発点にして，また核にして，知的障害幼児の発達を保障していくことが重要となります。

　ところで，知的障害のある幼児の場合は，一次障害があることから，諸能力の発達上の遅れや歪みが生じることになります。また，身体的機能に制限を受けることもあります。しかも，発達上のかなり重要な時期に相当する幼児期において，知的障害のある子どもたちは発達への貧困な状況に置かれることすらあり得ます。たとえば，家庭の中という限られた空間，母親だけを相手にした人間関係といったことがあげられます。こうした状況が，さらに遊びを制約することになります。つまり，発達の主導的役割を果たすべき遊びが，きわめて弱々しくなっていると指摘できます。

　そのため，本来もっと身につくはずの諸能力が低いレベルにとどまって，結果的に障害が重度化していくことになります。こうした事態にならないためにも，園の活動の中心に，遊びを意図的に，積極的に取り入れて，諸能力の形成と知的障害の軽減をはかっていくことが求められます。

　最後に，「遊びを教える」ことと「遊びで教える」こととの区別を考えておきましょう。前者は自由遊び，後者は課題遊びと言い換えることができます。自由遊びは子どもの遊びの力を高めること自体に機能し，課題遊びは初期の教科学習的活動として機能することになります。ここでは，これらの両面をしっかりと位置づけて日々の実践を行っていくことがポイントとなる点をおさえておきたいものです。こうした遊びを行う際には，もちろん，指導者には，子どもとともに楽しい体験を分かち合うといった態度が必要であることが前提となってきます。

第2章

障害幼児の育つ過程の理解

　この章では，実際の2つの事例をもとにして，子どもの育つ過程について整理してみます。いずれの園も積極的に統合保育を実施していて，筆者が行動観察をし，園の丁寧な記録をもとに，担任・園長・主任保育士・その園の保育士らとともに事例検討会を開催したときの資料です。その1は3歳児の，その2は5歳児の発達している過程を読み取ることができます。

1　ある園児の指導・援助例（その1）

　ここでは，3歳児，やや発達の遅れがみられる男児の育つ過程を例にして考えてみます。
　入園当初（4月・5月）の様子を担任の詳細な記録によると，本児の気になる行動について，落ち着きがない，好き嫌い（豆類への偏食），視線が合わない，対人関係の未熟さ，一人あそび，基本的生活習慣の未確立があげられています。園には毎日登園できているということです。
　筆者は，この男児の園での行動を観察し，担任の記録をみる中で，園での事例検討会において，「器質的な障害があるとは思われないが，発達の遅れはやや認められる。気になる子の中では，グレーゾーン（健常児と障害児の境界線に位置する）と考えられる。診断名はつかないのではなかろうか」と提起しました。園での指導については，月ごとに詳細な記録がなされていて，大いに参考になります。その資料をもとに「気になる行動」と「遊び」「対人関係」「ことば」「感情・内面」をセットとして（双方の関連性で），本児の発達していく姿をまとめてみましょう。（資料①）

(1)　主な指導・援助について

　本児の入園時の特徴が，園の記録には，自分の身のまわりのことを全くしようとしない，担任の話しかけに反応を示さない，一人あそびを楽しむということが特記されていました。
　そこで，筆者は9月の事例検討会において，今後の指導方針に「基本的生活習慣の確立，中でも排泄の指導に力を入れましょう」と提案しました。

資料①　ある３歳児（男児）の事例から
気になる行動と本児の育っていくプロセスに関しての整理（記録のポイントより）

月	気になる行動について	遊び	対人関係	ことば	感情・内面	備考
4月	衣服が汚れてもおかまいなし 排泄の未確立 豆類は嫌い	積み木に長時間 みたてやつもりはない	教師との抱っこが硬い 相手を目で追わない	応答がない		
5月	答えるものの視線が合わない 反復ことばが多い	流れる水を触っての喜び ブロックを黙々とつなげる		おかわりの要求あり		
6月	失敗はあるもののズボンを自分でおろすことも 指をかかとに入れくつをはく	粘土をさわる 泡あそび 絵は腕の動くまま	教師の呼びかけにふりむく			
7月	食事での片付けができるようになる 食事前に教師の指示で排泄できる	しゃぼん玉 水の冷たさに喜ぶ	教師を見て笑う	「あーあー」 「んだま」 「はよう」	ほしいものに指差し	指示理解
9月	着替えは教師の指示で自分でしようとする 食事の流れがわかるようになる 排泄の失敗がけっこうなくなる	みんなの動きに合わせてその場にいる	友達の真似	「んなら」	「みてみて」と意思表示	基本的生活習慣がつきつつある 対人関係の芽生え
10月	自分で着替える かばんと帽子をもってくるが時間がかかる	セロハンテープの片付け 「これヨット」「ふね」とみたてる，意味づける	友達の真似 周りの子へ喜びをあらわす 教師に要求	「せんせいぬれた」 教師に話しにくる	「おかわりちょうだい」の要求できる	対人関係の広がりとことばの育ち 要求語
11月	自分で着替え、片付ける 嫌いなグリーンピースを食べる	ポックリへの挑戦 「あれつくりたいの」と友達と同じことをする	友達のおはように「はよ」と笑って答える 順番でうしろに並ぶ	「せんせいおしっこ」排泄の確立		
12月	豆類を食べられたことを伝える		教師ににっこり笑い返す 友達と一緒に机を運ぶ 友達と同じ早さで行動できるようになってくる 相手をみて怒る			対人関係の質が変わってきている

第2章 障害幼児の育つ過程の理解

それを受けて，園では，「生活習慣の確立をしっかりする（身支度は自分でできるように，トイレは自分で気づいていけるように，身のまわりのことは丁寧に方法を伝え，仕方がわかって自分でできるようにする）」という担任が気をつけて取り組むことを明確にしました。たとえば，次のような変化がこの時期に起きています。担任に促されると，自分でズボンを下ろして用を足す（9月の記録より）。失敗を担任に伝え，ズボンを自分で替える。担任の声かけに「先生おしっこある」「おしっこない」と反応し，自分でトイレに行く（10月の記録より）。

次に11月の事例検討会において，筆者は「対人関係を広げていくように」という指導方針を打ち出しています。それに対して，担任が気をつけて取り組むこととして「本児が話そうとするときはわかり合えるまでしっかり関わる，友達と一緒に関わる経験をたくさんさせる中で，真似をしたり集団生活のルールを獲得できるようにしたりする」を明確にしています。12月には資料①にあるように，机を運ぶ友達の姿を見ると「やりたい」と近寄り，一緒に運ぶことを喜ぶように変容しています（12月の記録より）。

(2) 本事例から学ぶ

この事例からは，以下のことが学べるのではないでしょうか。

まず，気になる行動の変化についてです。ここでは，基本的生活習慣の確立（特に排泄のもつ意味は大きい），担任との良好な関係や対人関係が形成される中で，ことばの育ちがあり，好き嫌い（偏食）の改善がみられます。

さらに，指導・援助過程でのもつ意味についてです。まずは，基本的生活習慣をしっかりさせる目的のもとで，自分でわかるように丁寧に伝えてきています。そして，10月と11月の時期のもつ意味については，対人関係が形成されてきたことで諸能力が培われてきている，人とのかかわりにおもしろさを味わってきている（内面の育ち），見通す力，みたてやつもりがみられる点も大きな変化であるといった点があげられます。

2 ある園児の指導・援助例（その2）

ここでは，5歳児，自閉的傾向のある男児の育つ過程を例にして考えてみます。

一学期の初めの様子を担任の詳細な記録からリストアップすると，本児の気になる行動について，不安（自分ができなかったらどうしようという不安），落ち着かずに部屋から出る，虫・青色などへのこだわり，奇声，パニック，他児へのパンチ，気持ちの切り替えができないといったことがあげられています。また，家庭環境については，本児の妹も染色体異常から発達の遅れがみとめられるものの，両親はとても明るく，担任やクラスの母親に積極的に声をかけている，さらに，祖父母にあってはとても穏やかで育児に協力的であると記述され

資料② ある5歳児（男児）の事例から
気になる行動と本児の育っていく過程に関しての整理（記録のポイントより）

月	気になる行動について	遊び	対人関係	ことば	感情・内面	備考
1学期	落ち着けず，部屋から出る 職員室へ行く 水，虫，青色などへのこだわり 奇声 パニック ヒステリー 気持ちの切り替えができない	砂場での感覚や，繰り返しを楽しむ遊び 空き箱の組み合わせ ブロック（壊さず，自分のスペースに飾る） 虫への関心（こだわり）	担任と1対1 担任と一緒にいたがる 自分の言う通りに動いてくれる子といようとする		担任となら落ち着く（いないと不安） 自分の思い通りにならないと泣いてしまう 自信のなさ 恐怖心 大勢で騒がしい音がすると落ち着かない	進級当初，居場所のなさ 担任との関係ができる（6月後半）
2学期	青色へのこだわりが軽減 部屋からの飛び出しが少なくなる パニックも少なくなる	砂場での遊びの変化，展開 自分で考えて遊ぶ ままごと 布団を敷き，居場所を作る 製作では自分で折り合いをつける 虫へのこだわりはあるものの諦めも トライアングル かけっこ 鬼遊び（小人数ならできる）	他児を真似る 担任との1対1は強い 特定の幼児と給食を一緒の席にすわってできる A児，H児，F児との関係 並んで待つ	自分の考えを言う 「これと交換して」 「僕，今日は誰と走るの」 「僕1番だったでしょ」	意思表示ができつつある 少しずつ気持ちの切り替えができている かけっこは速いという自信	居場所ができつつある（安心できる人と場） 音楽会で幕を開ける，一番に退場するという役割からの存在感

ています。

　筆者は，この男児の園での行動を観察し，担任の記録をみる中で，園での事例検討会において「こだわり，不安，飛び出しという行動から，自閉症にみられる特徴がある。特に，落ち着かない面があり，対人関係で担任との1対1の関係が通常よりかなり強い点で気になる」と提起しました。園での指導については，担任の詳細な記録はあるのですが，その記録のポイントを筆者なりに整理したものが前頁の資料です。資料②からは，その1の事例と同様に「気になる行動」と「遊び」「対人関係」「ことば」「感情・内面」をセットとして（双方の関連性で），本児の発達していく姿をみることができましょう。

(1) 主な指導・援助について

　本児への指導・援助過程においては，筆者の提案と園の指導・援助の方向づけでは以下のやりとりがなされました。

　筆者から「他の子を受け入れることができるぐらい，対人関係が和らいできている」と指摘されたのを受けて，園側は「本児が受け入れられる友達といるときには，担任は見守るようにする」としています。「安心できる居場所が必要である」の提案に対しては，「担任が1対1でかかわると落ち着くが，一人でもいられるような場，好きな場をつくる」としています。

　さらに，「体を動かすことが得意なので，意図的に取り入れるとよいのでは」の指摘で，「かけっこや鬼遊びに担任から積極的に誘っていく」と指導の方向づけが明らかにされています。たとえば，記録には，ままごとを担任としている，お皿に丁寧にご馳走を並べ，布団を敷き，自分の場所を作ると安心する（2学期），運動会当日，大勢の観客がいていつもと違う雰囲気だったが，かけっこ・遊戯など最後まで行うことができた（2学期），という変容がまとめられています。

(2) 本事例から学ぶ

　この事例からは，以下のことが学べるのではないでしょうか。

　まず，気になる行動の変化についてです。ここでは，こだわりやパニックが軽減されてきている，対人関係が広がりつつある（少しずつ他人を受け入れる段階へ），コミュニケーションの発達がみられるようになってきたということが言えます。

　さらに，この指導・援助過程のもつ意味についてです。それは，以下の点に端的に指摘できます。居場所があるようになり，不安が少なくなってきた（担任との1対1の関係の中で）点です。気になる行動で，いくつかの変化・軽減がみられます。他児とのかかわりがみられ，対人関係の形成からコミュニケーションの発達がみられる，特に，自己主張できるように変容しています。また，音楽会での役割が与えられ，存在感や自分が認められるということか

ら内面形成しつつあります。指導・援助法では，かけっこや鬼遊びというからだを動かす取り組みを取り入れたことがあげられます。

3 まとめ

　事例その1と事例その2を通しては，総じて，気になる行動との関連では次の諸点を実践上の意義としてまとめることができましょう。
〇気になる行動の変化・軽減と子どもの力の相互関係については，
　　・子どもの諸能力は織り交ざっているととらえられます。
　　・ある力が育ってくることで，気になる行動の変化・軽減があります。
　　・対人関係がつくられることをベースにして，遊びのひろがりが出てきます。同時に，感情・内面の表現とともにことばの育ちへとつながって，相関的に，気になる行動の変化・軽減があります。
〇気になる行動の変化・軽減と生活との関係について
　　・家庭環境，生活リズムが一定行動へのひきがねになり得ると考えられます。
　　・園での落ち着いた環境の設定，基本的生活習慣の形成，生活を見通す力が必要となってくると考えられます。（居場所づくり，1対1の関係をベースに）
〇気になる行動への見方について
　　・外面的にその行動にとらわれるのではなく，その行動の原因を考えてみる必要があります。
　　・その行動の奥底には子どもの内面（要求，願い）があるのではないかという子ども理解が大切です。要求が発達への源泉になっているととらえられます。
　　・内面をうまく表現できない面をもっているのが気になる子どもの特徴でもあります。

コラム②

手の操作の発達をめぐって

　乳児期において，なめたり振ったりしてまわりの物に働きかけ遊んできた子どもは，1歳前になってくると，たとえば，スコップで砂をすくったり，スプーンでお茶碗をつついたりというように，それぞれの物に違った使い方があることがわかってきます。ここでは，すくうことやつつくこと自体を楽しんでいるという特徴がみられます。

　ところが，1歳半ころになってくると，スコップで泥をすくってコップに入れてひっくり返してプリンを作ったり，スプーンで食べ物を口に運んで食べたりします。ここでは，道具をその目的に応じて使うようになるという特徴がみられます。

　乳児期にいろいろな物に働きかけ遊ぶ中で，物それ自体に対する関心と，物を扱うことで生じる結果（動く，音がするなど）への関心が育ってきます。そのことが物には違いのあることを認識し，操作を変化させる基礎となります。

　さらに，乳児期の末になると，ボールの受け渡しにみられるように，子どもは大人と物を介して遊ぶことが可能になります。この遊びの中で，大人の使っている物と，その使い方への関心を育てていきます。以上のように，大人の使い方をまねして道具の使用法を学んでいく基礎となります。

　このような動作的な見本に加えて，言語的な働きかけが意味をもってくるのが1歳半前後であります。すなわち，ことばを介して大人と子どもが物に対する行為をともにするようになります。

　こうした力の獲得をもとにして，たとえば，スプーンのように手指の操作が比較的容易な道具から，はさみやはしといった手指の複雑な操作を必要とする道具へと範囲は広がっていきます。しかしながら，「線にそってはさみで丸を切る」「かなづちでくぎを打つ」といった「～しながら」道具を使用することは，幼児期後半の課題となります。

　子どもはこのように道具の獲得を通して，物の機能を理解し，さらに形や色といった属性も理解する力を身につけていくことになります。

　そして，日々の生活を過ごす中で，物の機能や属性が理解されてくると，形の似たものを何かにみたてるといった行為が出てきます。たとえば，お父さんが日曜大工でのこぎりを使っているのをみて，ものさしをそれにみたてるといったことです。ここには，お父さんの行為への強い関心があって，それをまねしようとする意欲と，のこぎりをみてものさしを思い浮かべるという表象の働きが欠かせないことになります。

第3章

障害児保育の目的

　障害幼児の育つ過程については，第2章で取り上げました。この章では，幼小の連携が叫ばれたり，地域でのネットワークが主張されたりしている今日で，学齢期までに培いたい力について述べてみます。それは，とりもなおさず，指導者と保護者がともに子育てに参画することでもあります。

　障害児保育は，目的（基本的生活習慣を身につける，話しことばの基礎を身につけるなど）にもとづいて，カリキュラムが編成され，内容が組み立てられ実践されます。ここでは，大まかに2つの点について指摘しておきます。

1　基本的生活習慣について

　基本的生活習慣の確立とは，ことばを変えれば身辺自立ともいえましょう。第1章で，知的障害の特徴にふれる中，適応行動の困難性があると指摘しました。適応行動は，食事，衣服の着脱，排泄，睡眠など日常生活を行う上で欠かすことのできない活動をさしています。

　基本的生活習慣というのは，障害幼児本人にとって，どのような意味をもつものでありましょうか。第一は，生活を送りやすくするということです。他の人の介助なしに自分でできる部分がふえるにつれて，日常生活が送りやすくなります。第二は，からだ全体をしっかりさせるということです。たとえばボタンをはめる例では，目と手の協応する力をつけることになります。第三は，手を洗ったら食事をするというように順序を考えて行動する力をつけることになります。第四は，意欲や能動性をうながすことであります。

　では，こうした基本的生活習慣を身につけさせる指導・援助の観点として大切にしていきたい点を次にあげます。

　1つめとして，目標を確立していくことです。個々の子どもに今必要と思われる生活習慣の中身が問われます。その確立をめざすには，たとえば，「さあ園へ行くよ，服を着てね」というように，ある行動から次への行動への切りかえを大切にして，子ども自身が見通しをもって，自分の行動を意味づけることができるようにすることが肝要となってきます。その時，やや時間はかかろうとも，子どもの生活の流れを重んじ，その流れに即して基本的生活習慣

を確立していくことになります。

　2つめとして，手伝いすぎないこと，「待つ」ことの必要さであります。現在の子どもの自立の到達レベルをつかみ，次にどのようなことが課題になっているかを明確にすることです。換言すれば，自分でできる，少し手伝う，全部手伝うといった指導・援助する際の働きかけの見きわめをはっきりさせ，自分で新しい行動に挑戦するよう励ますことです。

　3つめとして，集団の中での模倣とか認め合いを組織して，要求の育ちを大切に，人格的なものの育ちに取り組んでいくことです。園ならではの集団の教育力の発揮に期待したいものです。

　4つめとして，子どもの一日の生活をトータルにみる，子どもをまるごととらえる観点に立って，園と家庭との連絡を密にすることです。たとえば，排泄の確立をめざしてトイレットトレーニングをする時，園と家庭とが同じ方法でもってあたることが，子どもには混乱を生じさせずにスキル向上につながると考えられます。

2　話しことばの基礎について

　ことばの役割とは，どのようにとらえたらよいのでしょうか。第一は，ことばはコミュニケーションの手段です。第二は，思考の手段です。たとえば，手紙を書く，メールを送るという行為は頭の中で文意を考えていることになります。第三は，行動を調節するという働きです。たとえば，「ヨイショ！」といって，筋力を使って立ち上がるという場合がこれに相当します。このように話しことばを培うことは，単にコミュニケーション能力をつけるためではなく，考える力や行動力を育てることにもなっているのです。以上のようにことばは，いくつかの大切な役割をもっており，子どもの発達を促す上では，かなり重要な働きをするといっても過言ではないでしょう。特に，知的障害のある幼児の諸能力を発達させる際のキーポイントと理解できます。

　ところで，話しことばは，通常，1歳から1歳半にかけて獲得が始まっていきます。しかし，知的障害のある多くの幼児では，この時期につまずくことが少なくありません。これは，先述した図1の質的転換期のつまずきに当たります。逆にいうなら，話しことばが出ないことから，障害に気づくこともけっこうあります。

　そこで，話しことばの基礎を身につけさせる指導・援助の観点として次の点を大切にしていきたいものです。

　1つめとして，感情の交流です。コミュニケーションの最も原初的な形態は，感情のレベルでの交流です。目と目を合わせて，快い感情を伝え合う，モノを指差して，あれをとってほしいという要求を伝えることもあります。これらが，日々の生活の中や，遊びの中でできるようになっていくことがポイントです。

2つめとして，足腰の力を強めることです。園での知的障害幼児の歩き方によく注目してみると，フラフラと不安定に歩く，つまさきで歩くなどをみかけることがあります。障害児保育や障害児教育の実践で，歩行がしっかりしてきて安定していくに伴って，次第に，ことばの数がふえていくという相関が指摘されていることをおさえておきたいものです。

　3つめとして，手指の操作性を高めることです。たとえば，優れた教材・教具の1つとして粘土がよくあげられます。粘土で何かの形をつくる活動では，手指をうんと動かすとともに，頭の中でイメージを働かせることになります。大脳皮質，中でも言語をつかさどる中枢は，手指と深い関係をもっていて，手指で生じた感覚は，ここに伝達され，刺激することになります。手指の働きを高めることが，ことばの獲得にとって，たいへん重要であるといえましょう。

　4つめとして，さまざまな経験をさせることです。生活の中で，実際に行動してさまざまな体験を重ね，それをことばと結びつけて理解することによって，子どもがことばをわかるようになるのです。たとえば，「きょうだい」というのは，同じ親からうまれた間柄といえますが（科学的概念），日々の生活の中で父親から「きょうだいは仲良くしなければいけない」といわれることで（生活的概念），子どもは「きょうだい」ということばをよりしっかりと定着させ，わがものにすることができるのです。

コラム③ いろいろな手遊びと劇遊び

　手遊びはいくつかに分類できるといわれています。ここでは，1つの例として，障害児保育や教育実践で子どもの発達に照らし合わせて行われている，①してやる顔遊び，②腕全体を動かす手遊び，③肘から先を主に動かす手遊び，④手首や手を動かす手遊び，⑤手指を細かく動かす手遊び，⑥友だちとかかわってする手遊び，⑦いろいろな動きをまとめた手遊びを紹介してみます。

　「してやる顔遊び」は，ひとりでは遊べない障害の重い子どもにしてやる遊びで，となえことばに合わせて顔のいろいろな部位をなでてやり，快い心情や集団意識の芽生えをゆさぶります。「腕全体を動かす手遊び」は，歌やことばに合わせて，主として腕全体をまわす，ふる，伸ばすなどの運動をしながら，肩や肘から先への分化をゆさぶります。たとえば「大きなたいこ」があります。「肘から先を主に動かす手遊び」は，歌やことばに合わせて，主として肘を中心にまわす，曲げる，伸ばすなどの運動をしながら肘から先への分化をゆさぶります。「手首や手を動かす手遊び」は，歌やことばに合わせながら，手首を中心にまわす，曲げる，手指を同時に握る，開くなどの運動を通して，手首から先への分化をゆさぶります。「手指を細かく動かす手遊び」は，歌やことばに合わせながら，指を中心として曲げる，伸ばす，つき合わせるなどの運動を通して指一本の動きをゆさぶります。たとえば「グーチョキパー」があります。「友だちとかかわってする手遊び」は，仲間とかかわることで，単純な遊びもおもしろくなったり，複雑になったりします。そんな遊びを楽しみながら，集団意識や，手指の細かい操作を高めます。「いろいろな動きをまとめた手遊び」は，いろいろな部位のいろいろな動きを組み合わせ，仲間とかかわり合いながら集団意識や手指の操作をゆさぶります。本コラムに取り上げた具体的な手遊びについては，河添邦俊・長原光児著『障害児の発達と遊び』（ぶどう社）に所収されていますので参考にしてください。

　一方，劇遊びにはいくつかの活動が含まれていると言われます。子どもたちは演ずるために，演ずる対象をとらえるという過程があります。人や物などのある対象を自分の経験や感覚，感情につなげてとらえるのです。次には表象するという過程があります。これは，自分の思いを広げていくことになります。そうしてから，どのような方法で表現していくのか考えをめぐらしていきます。このような過程をたどってから，自分の生身のからだを使ったり，人形を使ったりして表現するのです。劇遊びでは生きる力としての表現力を育てていくことが大切になってきます。そして，いろいろな能力を有機的に働かせる力をつけていくことにもなります。まさしく，この活動を通して子どもたちの諸能力と人格が形成されることになります。

第4章

障害児保育のカリキュラム

　この章では，知的障害のある幼児を念頭に置いて，健康で，人間らしい生活を営み，一人ひとりが能力を獲得する基盤として，カリキュラムに関する基本的なことがらについてもふれています。特に，遊びを核にして，音楽，造形，体育といった面の遊びを組織することの重要さを提起してみました。ここでは，コラム①と④で取り上げたことがらとの関連をもたせて記述しました。

1　カリキュラムとは

　保育所保育指針や幼稚園教育要領によると，保育計画・教育課程は，全体的な計画とされ，指導計画は，それに基づいてなされる具体的な計画と示されています。カリキュラムとは，保育活動の構想とそれによるプログラムを構造化して全体をみえるようにし，遊び・行事・基本的生活習慣の形成など子どもたちが取り組むことがらについての計画表であります。しかもそれは，なんのための，なにを，いつ，どのように指導していくかという，保育活動全体の道筋を示した羅針盤なのです。

　障害児保育を進めるにあたっては，園で編成されるカリキュラムに沿って障害のある幼児の実態に応じた個別の指導計画が加味されることになります。

2　カリキュラムの展開

　実際に障害幼児に対応したカリキュラムを編成し，指導していく過程では，次のような手順がなされます。まずは子どもの実態把握です。これについては，第1章で述べたように障害・発達・生活の視点から把握することになりますが，保育が今日のその子どもの姿から出発して取り組まれる以上，実態把握は非常に重要となってきます。たとえば，自分でできる・少し援助を必要とする・全面的な援助を必要とするといったみきわめという点，変容してきている子ども像をふまえるという点は指導する側に求められることがらです。また，保護者との連絡を密にしてこれまでの生育歴の中で子どもをつかむことも大切になります。

次に，目標の設定です。ここでは，どんな力をつけてほしいのか，どのような子どもに育ってほしいのかについて考えます。そのとき，長期目標として学齢期・就学までに培いたい力と，短期目標として半年間，月間などの当面の目標を設定していきます。

　これら実態把握と目標設定に基づいて一人ひとりに適した個別の指導計画を立てることになります。具体的に年間，月間などの指導計画を立案していきます。この計画においては，「〜といった働きかけをすれば，——という発達をする」という保育の内容・方法と子どもの発達を結びつけて仮説を立てていくことになります。

　指導計画に沿って保育実践が進められていくことになりますが，実際の場面では，子どもたちはたとえ障害があろうと，もてる力をフルに発揮して課題に取り組む，そして，失敗はあるものの指導者に寄り添いつつ新たな活動へと幅を広げ，新しい力を獲得していく過程がみられます。その過程での子どもの要求，達成感，自信といった内面の育ちを大いに大切にしたいものです。また，園という生活の場が，障害幼児にとっても家庭以外の生活圏としての意味をもち，一日の生活に一定のリズムをつくりあげていることもおさえたいものです。

　最後に，評価についてです。評価は，実践が深化・発展していく過程で，

　　診断的評価——実態把握，目標の設定，教材・教具の選定などに関する評価
　　形成的評価——子どもと指導者・子ども同士のかかわり，教材・教具の提示，集団の組
　　　　　　　　織化などに関する評価
　　総括的評価——目標の達成・修正などに関する評価

に分けられます。この評価を通して，設計—実施—総括—再設計というサイクルでカリキュラムが再編成，創造されていくことが，子どものさらなる力と指導者や園の力量向上へとなっていることを忘れないようにしたいものです。

3　障害児保育内容の基本構造

　今日の幼児教育の動向をめぐっては，幼小の連携が叫ばれるようになってきているのが大きな特徴です。このような状況の中だからこそ，前章においては，学齢期・就学までにつけたいという目標を2点クローズアップさせてみました。ここでは，これらの目標に照らし合わせつつ，障害児保育内容の基本構造について全体的な枠組みを試みとして示してみます。というのは，カリキュラムを編成する上で，保育内容を考えるとき，計画された保育内容がある構造をもって組織されていることが求められるからです。この組織化にあたっては，発達段階や生活年齢との関連で構造を明確にしなければならないという課題があります。

　図3は，2つの層に分けた下の層が日常の生活活動であって，上の層が遊びの総合活動であります。この2つの層が相互に関連しながら，子どもの一日の活動は営まれています。その中の遊びの総合活動は，園での生活の核としてのまとまりを示す領域になっていて，音楽，

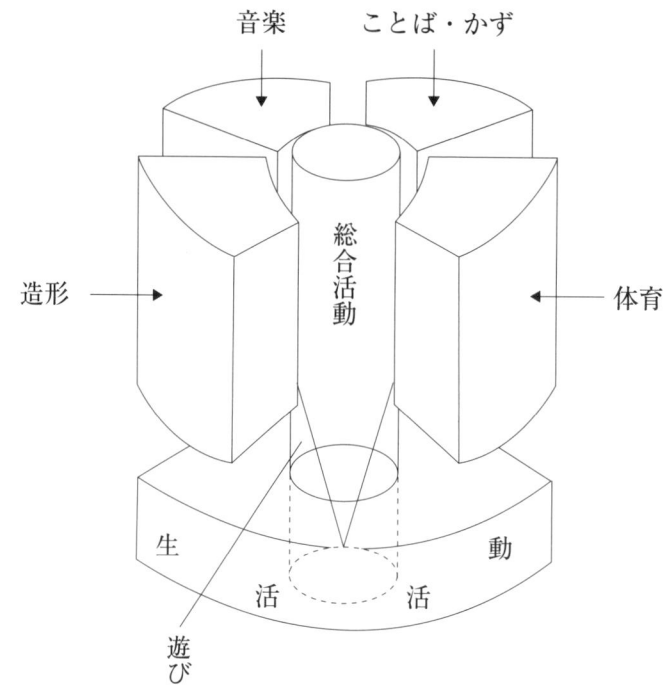

図3　障害児保育内容の基本構造

造形，体育，ことば・かずといった内容的な区分をもっています。

　ところで，学校での障害児教育に目を向けると基礎教科と呼ばれることがあります。それは，音楽，図工，体育の教科をさし，身体，感覚，手指の操作と表現，発達の土台を培うという意味から重要視されています。今，幼小の連携という時代のニーズの中で，学校での基礎教科とのつながりを重視することから，幼児期においても，学校での障害児教育へと発展させていく見通しのもとで，障害幼児の保育内容が考えられる必要があるのではないでしょうか。子どもにとって，幼児期から学齢期へとスムーズに移行できるような指導上の関連が求められているのです。

　このことをふまえ，ここでは，一人ひとりの子どもの発達に応じてそこで主導的になる活動に注目して保育内容を組織していくことになります。また，構造の柱になる遊びの総合活動は，音楽（リズム・うた），造形（ふれる・えがく・つくる），体育（健康・からだづくり），ことば・かずといった領域を配慮しながら，中心となる活動として基本構造を組み立てていくことになると考えられます。

コラム④ 芸術教育の領域について

　幼児教育をめぐっては，昨今「幼小の連携」が叫ばれています。障害児保育の内容をより豊かにするためには，障害児教育といった学校教育での実践の積み重ねから学ぶ必要もあります。ここでは，カリキュラムにみられる芸術教育の特徴や音楽教育の必要性を中心に考えてみましょう。

　今日，障害児教育において取り上げられています芸術教育の領域には，音楽教育，美術教育，文学教育があります。この芸術教育の目的は，さまざまな芸術の形態（音楽，美術，文学，演劇など）を手段として，子どもの豊かな能力と人格の形成をめざすことにあります。芸術教育を進める際，最も基礎となる能力は，手指の能力，ことば・認識の能力，感情の能力，社会性の能力が指摘されます。

　知的障害児教育における音楽教育の内容の初期的なものは，リズムに反応することです。人間の音楽的な発達として，リズムに反応するということが最も早く現れることから，リズムにしたがって自由に身体を動かすことから始め，タンバリンやマラカスなどを鳴らしながら身体を動かすこと，すなわち，身体的な表現をすることへとつながっていきます。

　それから次には，ことばが獲得されるにしたがって，いわゆる歌唱が指導内容として位置づけられます。この指導においては，歌を聞くことを通して，音の高低や長短を感じ分けること，歌を聞いたり先生といっしょに歌ったりすること，旋律に合わせて歌うことへつなげます。また，楽器を演奏することや音楽を鑑賞することも含めて適宜内容を構成することがポイントとなります。

　障害のある子どもの芸術活動を育てることを考える際，その技術的側面にのみ目を奪われるのではなく，活動を通して，子どもの内部に育つものが重要となってくるのではないでしょうか。まさしく，先に述べた諸能力がこれに相当し，生きる力こそ形成すべきだと思われます。

　ですから，障害を軽減して，人間として生きていく力を身につけていくこと——身につけさせることが学校や園におけるあらゆる教育活動の中心にすえられなければなりません。そのためには，子どもの心を開き，子どもの世界を広げることが，子どもの表現活動を育てる第一歩であるとも考えられます。知的障害があるゆえに，表出や表現する力が弱いと言われます。それだからこそ，学校や園では，この芸術教育に力点を置いて指導していくことが大切になってくると強調したいものです。

第5章

障害児保育の内容

　この章では，障害児保育の内容について図3に示した基本構造に即して述べていくことにします。まずは，園での日々の活動のベースとでもいうべき生活リズムや基本的生活習慣の確立についてです。そして，次には音楽・造形・体育あそびについて若干取り上げてみます。特に，音楽あそびに関しては，「Ⅱ　楽しい音楽あそび」で多くを紹介していますので参考にしてください。

1　生活リズムと基本的生活習慣の確立（生活づくり）

　「園の主人公は子どもたち」ということは，園における生活の主体者は，そこで生活をしている子どもたち自身であることを意味しています。園は，保育者にとっては「労働の場」であって，子どもたちにとっては「生活の場」であることを忘れてはなりません。保育者の役割は，生活主体者である子どもたちが取り組む生活づくりを側面から，子どもの最善の利益を考えて支えていくことで，決して子どもの生活を管理することではありません。
　では，どのように園での生活づくりをしたら障害幼児の発達をより促すことができるのかをここでは記録と観察を通して考えていきましょう。
　まずは，障害幼児を含めて子どもたちの生活環境を人的・物的な面において望ましい形に整備するということがあげられます。次に，生活リズムや基本的生活習慣について子どもたちの立場になって望ましい生活を築くということがあげられます。
　前者の園での生活環境づくりとは，発達の土壌となるような環境とも言えます。具体的には，遊べる空間，時間と集団，遊び道具を保障することが求められます。たとえば，0歳から話しことば獲得期までの発達段階においては，からだの運動を豊かにする空間づくりのため第一に必要なのは，この段階にいる子どもたちを抱いたり，ゆすぶったり，移動を可能にする保育者の存在です。次に自然環境については，その子どもの発達に応じて教育的に選び出さなければなりません。たとえば，ある時期の発達の子どもには，坂や小山といった環境が平面を移動するよりは発達の栄養になるといえましょう。また，手指の操作とかかわって，砂，土，水は豊かな自然物ですし，非常に可塑性が高く，子どもたちが手指で自由に作り変

えることができます。こうした素材を使っての遊びは，子どものイメージを豊かにするまさに発達の源となるといえましょう。時には，砂，どろんこ，水，紙などによる手づくり，子どもといっしょに作った遊び道具の方が，市販の遊具よりも子どものイメージをより豊かに育てることもあります。重要なことは，遊びの空間や遊び道具が子どもの内面の豊かさ（意欲，安心，充実感）や集団づくりを助けることにあります。

ここで，ある重症心身障害児施設での実践の一端を記録の中からみてみましょう。

事例1

天気のよい日は，運動場にテントを張って，そのまわりにサーキットコースを作りました。歩ける子にはできるだけ自分の力で歩いて，はえる子ははって，寝たきりの子はマットの上で横向きや，伏臥位等の姿勢で一定時間がんばったり，坂道をゆっくりゴロゴロしたり，先生といっしょにスベリ台をすべったり，それぞれの子どもの力や障害に応じて課題を設定して取り組みました。

この事例からは，寝たきりの子から歩行ができる子といったいろいろな発達段階のある子どもたちに対して，障害や発達に応じた必要な空間をつくり，一人ひとりの意欲を大事にしてからだづくりをきめ細かく指導している様子が伝わってきます。それと，集団の教育力（雰囲気・うず）を巧みに使っていると読み取ることもできます。集団の中でみんなとともに体験することは，ひとりでは体験できない喜びを味わうことにもなります。どのような障害であろうと，生活で感動する環境を準備することが求められていることを学ぶことができます。

後者の園での生活リズムや基本的生活習慣については，生活の力を保育目標として設定するときに取り上げられます。たとえば，1歳半の課題に取り組む障害幼児の生活リズムの確立にとって次のような指導上の留意点があげられます。①「おはよう」「おしっこにいこう」など場面に合った豊かなことばかけをする，②他の教室への空間の移動で区切りをつける，③エプロンなどの服装の変化で次の活動への見通しをもたせるといった点です。生活リズムを大切にするのは，子どもに活動への見通しを形成し，生活への主体的な意欲や構えを育てようとするからです。日課を確立せず，子どもの自由な行動ばかりに委ねていたのでは，園は発達を保障することはなかなかできません。子どもの活動を枠にはめるというとらえ方をするのではなく，活動の見通し，もう少し追求するなら生活そのものの楽しさであり，生活リズム，日課を整えることは園生活の質を問うことにもなるのです。

ここで，もうひとつ，筆者が訪問させていただいている幼稚園での実践の一端を観察の中からみてみましょう。

> **事例2**
> 　音楽会が近づいた頃，その練習にとりかかった場面でした。ある自閉症児への対応として，自分の使う楽器がトライアングルであることを絵カードで対応できるように示したり，いろいろな楽器を置く位置が煩雑にならないように用意されていたりしていました。また，クラスの子どもたちの中で仲の良いふたりと近くに座れるように位置を赤色のテープでわかりやすく設定されていました。そして，担任のほかに補助となる先生が横について個別的な声かけをしながら支えていました。
> 　また，この活動を終えて次の食事の場面に移るにあたっては，食べている絵カード（○×カードもあり）を見せてから，お気に入りの子どもとの運搬という係を当番として意図的に設定していました。机上は，給食時のテーブルクロスにかえ，席は角の位置で補助の先生と座るようになっていました。

　この事例場面では，たとえば活動内容をわかりやすくするため，絵カードという視覚に訴える教材・教具を使ってみるといった個別的な対応をはかり，生活・活動の流れを受け止めていけるような手立てを工夫していることを知ることができます。食事になるときには，食べている姿や今日のメニューを簡単に絵に描いたカードを提示し，運搬といった当番を取り入れて，ほかの子どもたちとともに食べることへの見通しをつくりだすことも考えられています。時々，自閉症児の指導をめぐっては，活動がきりかわったときに，問題行動をみせることがあると言われます。新しい状況を理解するのに混乱や不安を抱いたりする場合が考えられますが，事例にみられる指導上の工夫は有効であると思われます。

　以上，まずは生活に区切りと変化をつけ，見通しをもって参加し生活リズムを確立することは，基本的生活習慣を獲得するための基盤ととらえられましょう。それは，重い障害のある幼児の発達を考える上で，生活リズムを整えること自体が重要な保育課題になっていることに端的に現われています。基本的生活習慣の獲得は，確かに個々の技能を育てることを目的としています。ただ，ここでは一つひとつの技能の獲得を，子どもの「自立」ということと結びつけて考えておきたいものです。第一に，技能の習得自体が，子どもにとっては自由を広げ，活動の世界を豊かにすることだからです。第二に，個々の技能の定着ばかりが求められるのではなく，保育者やほかの子どもに励まされ，援助されつつ，自分自身の課題を達成するプロセスを大切にするからです。第三に，まわりの人々といっしょの生活に能動的に参加していくことへの関心の高まりがあるからです。第四に，たとえば食事ではしの使い方が集中力，手指の巧緻さ・注視といった一定の発達を促しているように，からだ・運動，手・指の操作，言語・認識などといった面において，諸能力が織り交ざって障害幼児の全体的な発達が促されていくからです。

2 音楽・造形・体育あそび

　音楽あそびにおいてはリズムや歌が，造形あそびにおいてはふれる，えがく，つくるといった活動が行われます。この両者は表現としてくくられながら，一人ひとりの子どもの感動を重視したり，表現したりすることで，感性をよりいっそう深めるという芸術教育の本質的なねらいのもとに取り組まれます。

　子どもの表現には，声をだすもの，手指を使うもの，からだ全体を使うものなどがあります。また，素材や遊具を用いたもの，劇あそびといった観点からもみることができます。ここでは，えがくという活動，わらべ歌という活動を手がかりにして，その指導上のポイントについて考えてみることにします。

　たとえば，子どもたちの表現のひとつとしてえがくという活動があります。いつ，どこで，なぜえがくのかということによっても変化しますが，一般に，子どもの育ちを示しやすいとも言われます。すなわち，子どものえがく活動には生活の中でえがくということ，大人との交流によってえがくということがあります。子どもは発達するにつれ，えがいているときに何かをイメージしていることがあります。指導者が時に「何の絵？」と聞いたり，「○○の絵だねえ」と意味づけしたりするのも，子どもにとってはことばの発達に影響を与えることになってきます。図3（24頁）の造形の領域はことば・かずといった領域とも関連していることになります。

　また，大人との交流という点では，通園施設などにおいて重度の障害のある幼児を対象にして，わらべ歌を歌い，ゆったりとした雰囲気の中で，子どもの顔やからだに指で触れるほか，さする，ゆする，くすぐるといった働きかけをしているのをよくみかけます。このとき，指導者は，まず子どもがいっしょにわらべ歌を歌ってくれることを期待しているわけではないでしょう。子どもの気持ちがときほぐされ，快い気分になって，からだをやわらかくしてくれるといいな，何らかの発声が聞かれるといいなと考えながら取り組んでいると思われます。大人との共感，共有という面を大切にしたいものです。これは，図3の音楽と体育といった両方の領域のかかわりを示すところです。

コラム⑤

知的障害幼児の遊びと大人の役割

　遊びは，楽しさやおもしろさを人と共有することを通して発達を促す総合的な活動であるとも言われます。知的障害のある子どもには，イメージをもって遊んだり，遊びをさらに展開させたりするところに弱さや難しさをもっている場合があります。だからこそ，指導する大人は，障害の特徴や認識の発達レベルなどを踏まえた環境設定をするといった個を配慮した，きめ細かい指導が求められるのです。

　子どもの発達段階と遊びを照らし合わせると，遊びは，感覚遊び，機能遊び，みたて・つもり遊び，ごっこ遊びへと発展していくととらえられています。子どもは発達するにつれて，まわりの世界との関係を広げ，徐々に自由を獲得していくわけです。

　知的障害のある子どもの場合は，第1章の「障害のある幼児の理解」でも述べたように，発達の質的転換期でつまずいているために，イメージをもって遊べなかったり，主体的に遊びに向かっていきにくかったりするのです。こうしたことを考慮した上で大人の役割はどうあるべきなのでしょうか。

　感覚遊びの子どもに対しては，大人との間で安心できるといった情緒的な交流を中心にかかわることが重要となってきます。

　機能遊びの子どもに対しては，探索活動が活発になる時期であることから，安全への配慮を怠らず，大人といっしょに楽しさを広げることが大切となってきます。さらに，子ども同士のかかわりをつなげていくような指導が求められるのです。

　みたて・つもり遊びの子どもに対しては，模倣が中心になってくる時期であることから，大人による動作とことば，物とことばを結びつけるといった指導が重要になってきます。その中で意味づけがなされ，模倣活動がいっそう広がっていき，ごっこ遊びへと発展していきます。

　次に環境設定については，時間の設定，場所の確保，素材・遊具の選定や準備，指導者の体制，安全への配慮などが考えられます。それと，個別の指導計画といった念入りな計画が作成されなければなりません。

　ここでは，「変化する素材」について取り上げてみます。具体的には，水，砂，土，粘土，紙などがあげられます。たとえば，粘土はそれを握るとそれだけで形が変わります。持って板にたたきつけると平らな形になります。指を突っ込むと穴があきます。砂ややわらかい土は粘土よりももっと容易に変化します。このような素材の有効性に着目して，発達段階の低い知的障害幼児でも，心とからだを使って，周囲の世界，この場合は物の世界に働きかけられるような，活動の活性化を促すといった点を踏まえて指導していくことがポイントとなります。

Ⅱ 楽しい音楽あそび

指・手あそびや表現あそびをするために保育者が心がけておきたいこと

1. はじめから教え込もうとしない。

2. 「○○○させる」という行動をしない，つまり押し付けない。

3. 保育者は笑顔を忘れないで自ら楽しそうに大げさに表現する。

4. 年齢やその子どもの発達状況を把握し，やさしい表現からはじめる。

5. 同じ表現が何度も出てくる歌を選択する。

6. 少しでも一緒にできた子どもは必ずほめる。表現する喜びや意欲を持たせましょう。

音楽あそびへの導入 1
リズムあそびをしよう

ハンカチあそびⅠ

指導者はハンカチの一辺を持ち，頭の上でくるくる回します。子どもたちは，そのハンカチが回っている間拍手をするゲームです。ハンカチを大きく回したら大きな拍手，小さく回したら小さな拍手にします。

ハンカチあそびⅡ

指導者はハンカチを上に高く放り投げます。そのハンカチが指導者にキャッチされるまでの間，子どもたちが拍手するゲームです。

音楽あそびへの導入 2

「おーちたおちた」あそびをしよう

指導者が先に「おーちたおちた」と言いながら手拍子をします。次に子どもたちは「なーにがおちた？」と，手をたたきながら言います。

続いて，指導者は上から落ちてくる物を言うと，子どもたちがその物の受け取り方を表現するあそびです。

高橋良和　詞・本多鉄麿　曲

指導者（リーダー）　　　　　　　全員

お　ち　た　お　ち　た　　な　に　が　お　ち　た

受け取り方のポーズ例

●りんご 
りんごをもらうつもりで，からだの前に両手を差し出す

●げんこつ 
頭を両手で押さえる

●カミナリ 
おへそを両手で押さえる

●あめだま 
口をあけて上を向く

●おなら 
鼻をつまむ

●おばけ 
両手で目をふさぐ

●お金 
手か足でかくす

●石ころ 
指をさす

音楽あそびへの導入 3
ボディパーカッションあそびをしよう

　ボディパーカッションあそびとは，自分の身体をリズム楽器のかわりにして，たたいたり，拍手したり，足踏みしたりして表現するあそびです。

　このあそびは，幼児の保育現場はもちろんのこと，聴覚障害，知的障害，視覚障害，自閉症，精神障害のハンディをもっている人たちにとっても，音楽に対して自然に表現をして楽しむことができます。

ボディパーカッションの基本リズム・パターン

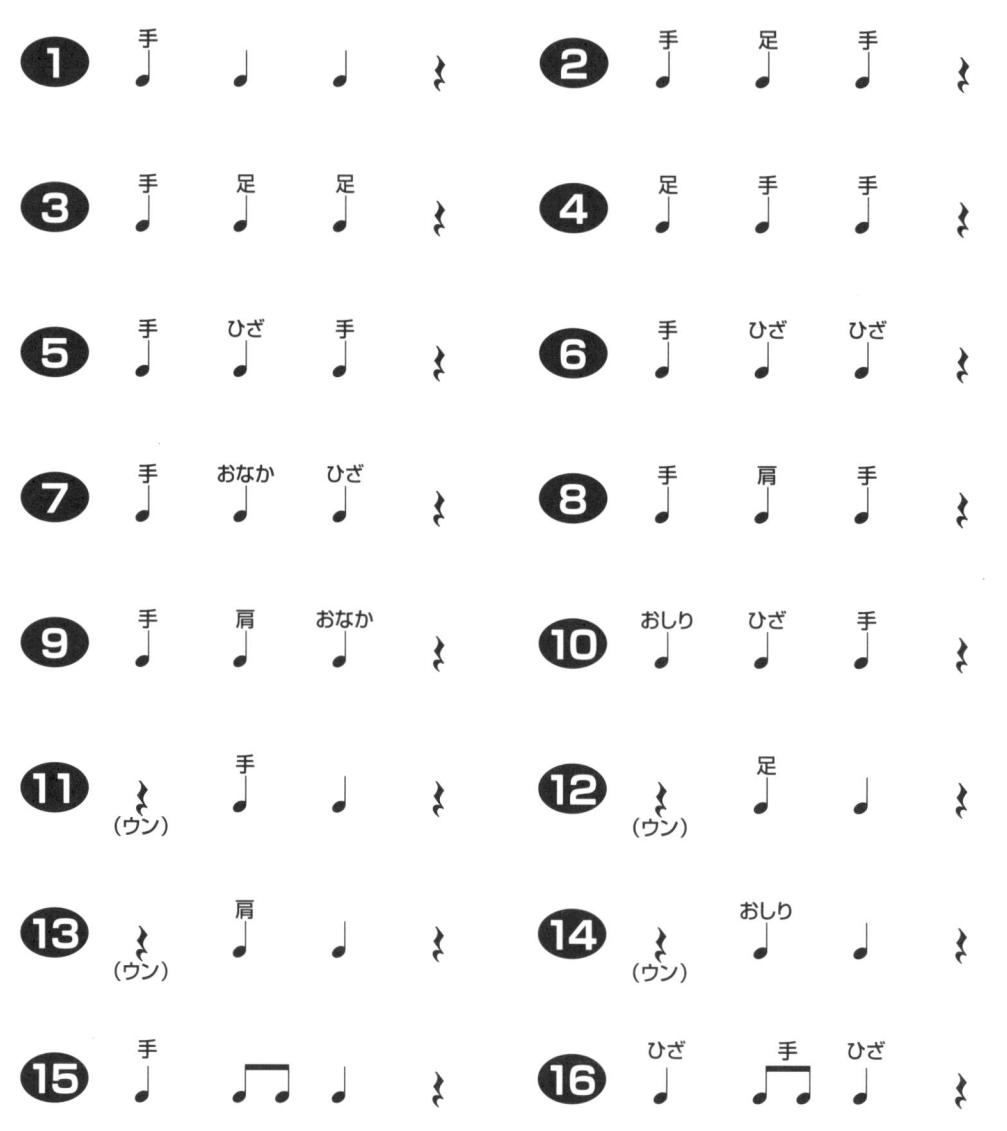

❶ 手　手　手　(休)　　　　　❷ 手　足　手　(休)

❸ 手　足　足　(休)　　　　　❹ 足　手　手　(休)

❺ 手　ひざ　手　(休)　　　　❻ 手　ひざ　ひざ　(休)

❼ 手　おなか　ひざ　(休)　　❽ 手　肩　手　(休)

❾ 手　肩　おなか　(休)　　　❿ おしり　ひざ　手　(休)

⓫ (ウン)　手　手　(休)　　　⓬ (ウン)　足　手　(休)

⓭ (ウン)　肩　手　(休)　　　⓮ (ウン)　おしり　手　(休)

⓯ 手　手手　手　(休)　　　　⓰ ひざ　手手　ひざ　(休)

※「手」は拍手，「足」は足踏み，他はすべて両手でたたきます。足は右足でも左足でも構いません。

ボディパーカッションあそびをしよう

ボディパーカッションをやってみましょう

①おなかをたたく

②ひざをたたく
ひざの上あたりをたたきます

③すねをたたく

④胸をたたく

⑤足踏み

⑥おしりをたたく

⑦両手を交差して肩をたたく

⑧ジャンプする
↕10cmくらい

※①〜④と⑥，⑦は，両手でたたく方法と左右交互にたたく方法があります。初めての人は，両手打ちからやってみましょう。

音楽あそびへの導入

35

音楽あそびへの導入 4
あんたがたどこさ

わらべうた

♩.= 104 ぐらい

A　1 — 2　　1 — 2　　1 — 2　　1 — 2
手拍子　指パッチン　手　指　手　指
あん た が た ど こ さ ひ ご さ

B　1 — 2 — 3　　1 — 2 — 3
ひざ打ち 手 指　　ひざ 手 指
ひ ご ど こ さ　　く ま も と さ

A　1 — 2　　1 — 2　　1 — 2
手 指　手 指　手 指
く ま も と ど こ さ　せん ば さ

C　1 — 2 — 3 — 4　　1 — 2 — 3 — 4
足踏み ひざ 手 指　足 ひざ 手 指
せん ば や ま に は た ぬ き が おっ て さ
そ れ を りょう し が てっ ぽう で うっ て さ

A　1 — 2　　1 — 2　　1 — 2
手 指　手 指　手 指
に て さ　や い て さ　くっ て さ

C　1 — 2 — 3 — 4　　1 — 2 — 3 — 4
足 ひざ 手 指　足 ひざ 手 指
そ れ を こ の は で ちょっ と か ぶ せ
（ちょい と か く せ）

※表現あそびにするために、いろいろ拍子が変えてあります。
　$\frac{6}{8}$ 拍子は2拍子系のリズム，$\frac{9}{8}$ は3拍子系のリズムです。

あんたがたどこさ

音楽あそびへの導入

A パターン… $\frac{6}{8}$拍子は2拍子系のリズムです

1 手 — 手拍子を1回
2 指 — 指パッチンを1回

B パターン… $\frac{9}{8}$拍子は3拍子系のリズムです

1 ひざ — 両ひざを両手で1回たたく
2 手 — 手拍子を1回
3 指 — 指パッチンを1回

C パターン… 言葉のリズムに合わせて4つの表現をします

1 足 — 片足で1回床を踏み鳴らす
2 ひざ — 両ひざを両手で1回たたく
3 手 — 手拍子を1回
4 指 — 指パッチンを1回

①あんた　　がた
　どこ　　　さ
　ひご　　　さ

Aパターンの表現を3回繰り返す

②ひご　どこ　さ
　くま　もと　さ

Bパターンの表現を2回繰り返す

③くま　　もと
　どこ　　　さ
　せんば　　さ

Aパターンの表現を3回繰り返す

あんたがたどこさ

④ ゛せ　んば　やま　には
　　たぬ　きが　おっ　てさ
　゛そ　れを　りょう　しが
　　てっ　ぽうで　うって　さ

Ⓒパターンの表現を4回繰り返す

⑤にて　さ
　やいて　さ
　くって　さ

Ⓐパターンの表現を3回繰り返す

⑥　゛そ　れを　この　はで
　　ちょっと　かぶ　せ　゛
　（ちょいと　かく　せ　゛）　Ⓒパターンの表現を2回繰り返す

音楽あそびへの導入

指・手あそび 1

あおむしでたよ

作詞・作曲不詳／木許 隆 編曲

キャベツ の なか か ら あお むし でた よ ピッ ピッ

1. とう さん あおむし
2. かあ さん あおむし
3. にい さん あおむし
4. ねえ さん あおむし
5. あか ちゃん あおむし
6. ちょう ちょに なりました

1番～5番

①キャベツのなかから　あおむしでたよ

左手グーを包むように右手パーをかぶせる動作を左右かえて交互にする

②ピッピッ

親指を片方ずつ順番に出す（2番は人差し指，3番は中指，4番は薬指，5番は小指）

③とうさんあおむし

手首を左右にふる（2番以降の「○○あおむし」も同じ動作）

6番

①キャベツのなかから…

1番①と同じ動きをする

②ピッピッ

手をパーにして片方ずつ前に出す

③ちょうちょになりました

親指同士をからませて，4本の指を上下させながら左右に動かす（ちょうちょが飛んでいる様子）

指・手あそび 2
グー・チョキ・パーでなにつくろう

作詞不詳・フランス民謡／木許 隆 編曲

1. みぎてが パー で　ひだりても パー で　おはな　おはな　おはな
2. みぎてが チョキ で　ひだりても チョキ で　かにさん　かにさん
3. みぎてが チョキ で　ひだりてが グー で　かたつむり　かたつむり

1番～3番　※①～③共通

① グー　チョキ　パーで
　 グー　チョキ　パーで

歌にあわせて順番に、両手をグー、チョキ、パーにする

② なにつくろう
　 なにつくろう

腕を組み、頭（上体）を左右にふる

③ みぎてがパーで　ひだりてもパーで

歌にあわせて右手と左手をパーにする（2番は右・左チョキに、3番は右がチョキ・左がグー）

1番
④ おはな　おはな

お花をつくり左右にふる

2番
④ かにさん　かにさん

顔の横でハサミを動かす

3番
④ かたつむり　かたつむり

右手の甲の上に左手のグーをのせる

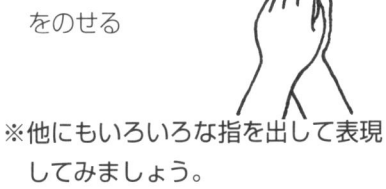

※他にもいろいろな指を出して表現してみましょう。

指・手あそび **3**

とんとんとんとんひげじいさん

作詞・作曲不詳／伊藤嘉子　編曲

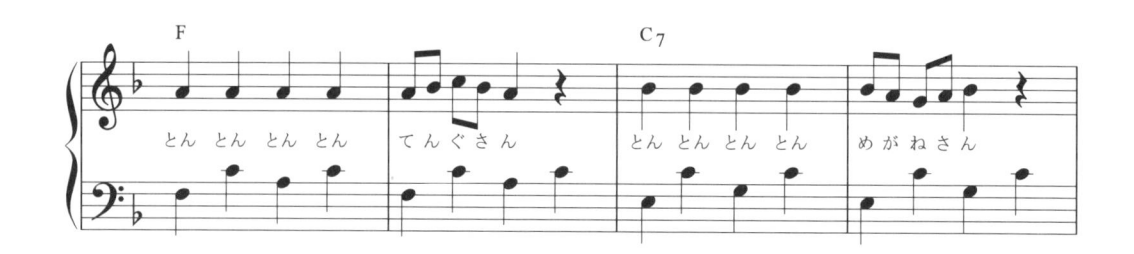

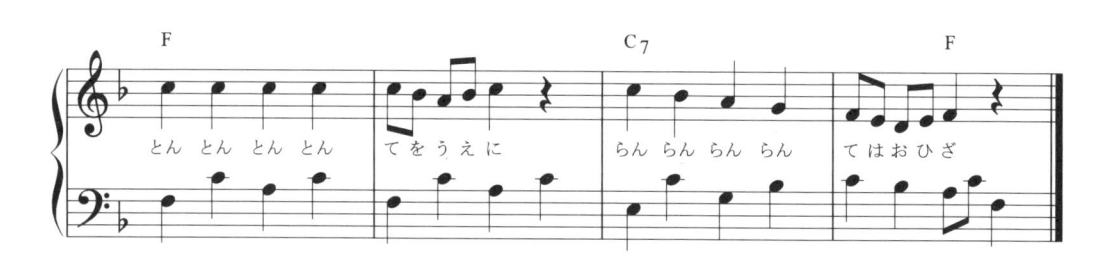

とん とん とん とん　ひげじいさん　とん とん とん とん　こぶじいさん

とん とん とん とん　てんぐさん　とん とん とん とん　めがねさん

とん とん とん とん　てをうえに　らん らん らん らん　てはおひざ

① **とんとんとんとん**

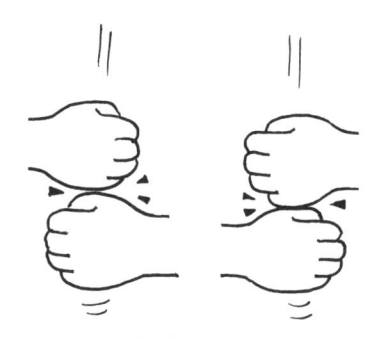

両手をげんこつにし，上下交互に4回打ち合わせる

② **ひげじいさん**

両手をげんこつにしたまま，あごの下で重ねてひげを作る

③ **とんとんとんとん**

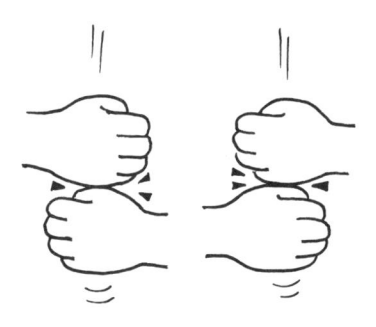

①の動作をする

とんとんとんとんひげじいさん

④こぶじいさん 
両手のげんこつを，両ほほへくっつける

⑤とんとんとんとん 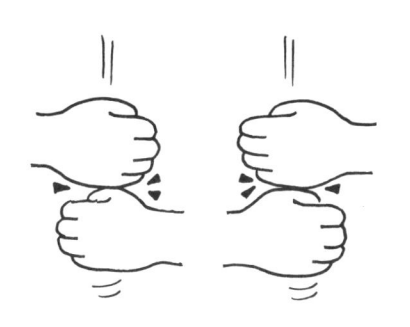
①の動作をする

⑥てんぐさん 
両手のげんこつを，鼻の上に重ねる

⑦とんとんとんとん 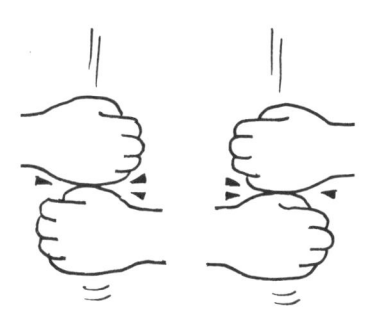
①の動作をする

⑧めがねさん 
両手のげんこつを目にあてる

⑨とんとんとんとん 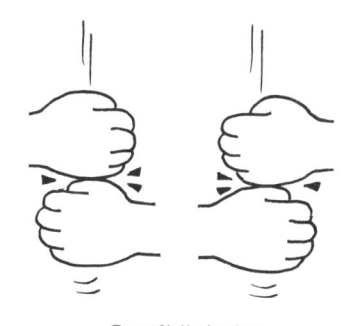
①の動作をする

⑩てをうえに 
両手をまっすぐ上にあげる

⑪らんらんらんらん 
上から下へ両手をキラキラさせながらおろしていく

⑫てはおひざ 
両手をひざの上にのせる

指・手あそび 4
チョキチョキダンス

作詞・作曲不詳

(楽譜)

1. ラララ
み ぎ て ラララ　み ぎ て ラララ
ひ だ り て ラララ　ひ だ り て ラララ
りょ う て ラララ　りょ う て ラララ

み ぎ て を　く る り ん ぱ　チョキチョキダンスを　みんなでおどろう
ひ だ り て を　く る り ん ぱ　キョキキョキダンスを　みんなでおどろう
りょ う て を　く る り ん ぱ　キョキキョキダンスを　みんなでおどろう

パ　パン　パ パン パン　パン スマイル 2.ラララ
パ　パン　パ パン パン　パン シュワッチ 3.ラララ
パ　パン　パ パン パン

パン ポーズ

1番	①ラララ　みぎて　ラララ　みぎて　　②くるりんぱ
	ラララ　みぎてを

右手をひらき，手のひらを前に向け歌詞にあわせて左右にふる

右手をげんこつにし，手首を回して円を描き，「ぱ」のところで手をパッとひらく

チョキチョキダンス

③チョキチョキダンスを
　みんなでおどろう

右手人差し指と中指（チョキ）を出し左右にふる

④パパンパパンパンパン

胸の前で，リズムにあわせて「パ」のところで拍手する

⑤スマイル

両手の人差し指で両ほほをさし，笑顔を作る

2番

①ラララ　ひだりて……パパンパパンパンパン

左手で1番①～④と同じ動作をする

②シュワッチ

指をそろえてのばし，右（左）ひじを曲げて立て，左（右）手のひらをひじにあてる

3番

①ラララ　りょうて……パパンパパンパンパン

両手で1番①～④と同じ動作をする

②ポーズ

好きなポーズをする

指・手あそび

指・手あそび 5
ごんべさんのあかちゃん

作詞不詳・アメリカ民謡

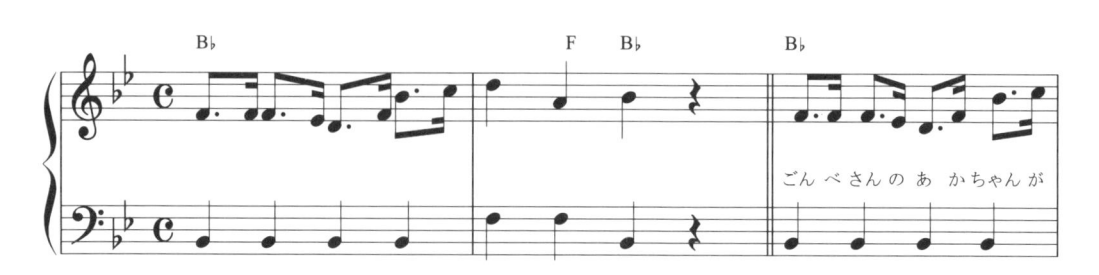

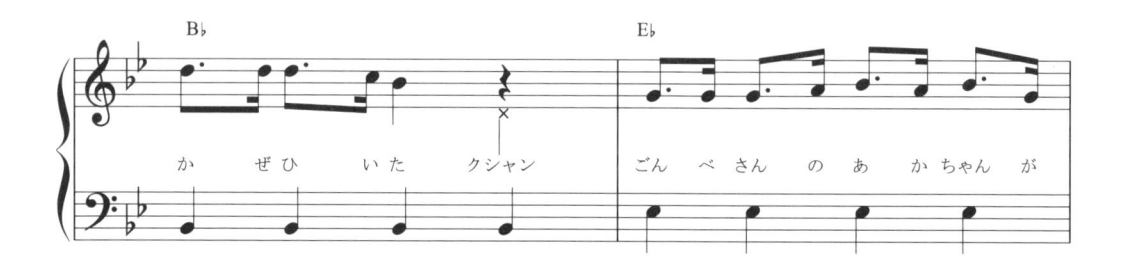

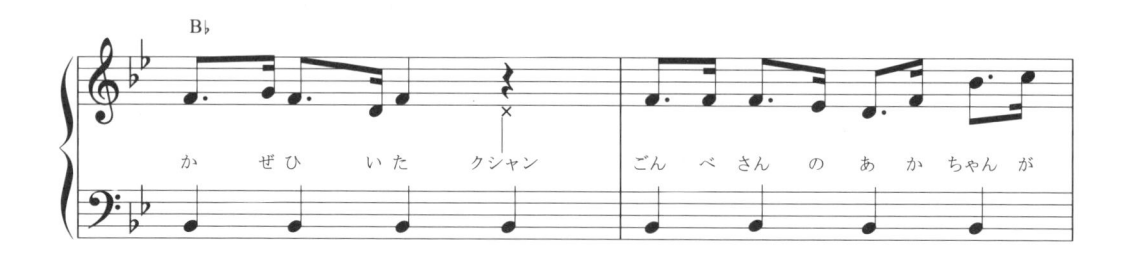

ごんべさんの あ かちゃんが かぜひいた クシャン ごんべさん の あ か ちゃん が かぜひいた クシャン ごんべさん の あ か ちゃん が かぜひいた クシャンそ こ であわてて しっぷした

ごんべさんのあかちゃん

①ごんべさんの

両手で頭の上から、顔のまわりへ円を描き、あごの下で両手を左右に小さくふる（手ぬぐいでほおかむりをし、首のところで結ぶ動作）

②あかちゃんが

左右の腕を斜め上下にし、赤ちゃんをだっこする動作をする

③かぜひいた

両手を鼻と口へもっていく

④クシャン

大げさにクシャミをする動作をする

⑤ごんべさんのあかちゃんが　かぜひいた　クシャン
　ごんべさんのあかちゃんが　かぜひいた　クシャン

①〜④の動作を2回繰り返す

⑥そこであわてて

拍手を4回する

⑦しっぷし

右手（左手）を左胸（右胸）にあてる

⑧た

⑦の動作のままで、左手（右手）を右胸（左胸）にあてて、腕を交差させる

指・手あそび

指・手あそび 6
でんでんむしどこだ

作詞・作曲不詳／伊藤嘉子　編曲

1. でん　でん　む　し　でん　でん　む　し
2. はっ　ぱ　はっ　ぱ　はっ　ぱ　はっ　ぱ
3. カ　メ　カ　メ　カ　メ　カ　メ

でん　でん　む　し　ど　こ　だ
はっ　ぱ　はっ　ぱ　ど　ど　こ　だ
カ　メ　さ　ん　ど　ど　こ　だ

ル　ル　ル　ルン　ル　ルン　ルン

はっ　ぱ　の　う　え
こ　い　だけ　の　な
お　　　の　　　か

え　げ　か
よ　よ

ニョキ
パー
グー

1番

①でんでんむし　でんでんむし
　でんでんむしどこだ

②ルルルルン　ルルン
　　　　　　　ルルン

③はっぱの

両手のひらをひらき，リズムにあわせて左右にふる

①の動作を繰り返す

左手（右手）をひらいて上に向ける

でんでんむしどこだ

④うえよ

③の上に右手（左手）を
げんこつにしてのせる

⑤ニョキ

上にのせたげんこつから，
人差し指と中指（チョキ）
を出す

2番

①はっぱ　はっぱ……
　ルルン　ルルン

1番①の動作を
繰り返す

②こえだの

右手（左手）をげつこつに
して，ひじから上に曲げる

③かげよ

右（左）ひじの下に，左手（右
手）げんこつをあてる

④パー

ひじの下へもっていった
げんこつをパッとひらく

3番

①カメ　カメ　カメ　カメ
　……ルルン　ルルン

1番①の動作を
繰り返す

②おいけの　なかよ

両手で円を作る

③グー

左手はそのままで，右手をげん
こつにして左腕の中から出す

指・手あそび

指・手あそび 7

なにかな

伊藤嘉子 詞・曲

1. グー グー グー　なに かな　かたつむりさんの　つーのだよ　このまま あるこう　どこまでも
2. チョキ チョキ チョキ　なに かな　かーにーさんの　はさみだよ　よーこに あるこう　どこまでも
3. パッ パッ パッ　なに かな　かーえるさんの　おてて だよ　このまま はねよう　どこまでも

のそ のそ のそ　のそ のそ のそ　じゃんけんしようよ
チョキ チョキ チョキ　チョキ チョキ チョキ
ピョン ピョン ピョン　ピョン ピョン ピョン

グー グー グー グー　チョキ チョキ チョキ チョキ　パッ パッ パッ パッ

グー チョキ パッ　もいち どいっしょに　グー チョキ パッ　グー チョキ パッ

なにかな

1番

①グーグーグー 
右手でグーを出して3回上下にふる

②なにかな 
左手もグーを出して3回上下にふる

③かたつむりのつのだよ 
両手のグーを頭にもっていき，頭といっしょに左右にふる

④このままあるこうどこまでも……のそ 
③の動作のまま，ゆっくり歩く

2番

①チョキチョキチョキ 
右手でチョキを出して3回上下にふる

②なにかな 
左手もチョキを出して3回上下にふる

③かにさんのはさみだよ 
両手のチョキを顔の横へもっていき，両手を左右にふる

④よこにあるこうどこまでも……チョキ 
2番③の動作で，かにの横歩きをする

3番

①パッパッパッ 
右手でパーを出して3回上下にふる

②なにかな 
左手もパーを出して3回上下にふる

③かえるさんのおててだよ 
両手のパーを顔の横へもっていき，手首を上下に動かす

④このままはねよう……ピョン 
3番③の動作で，かえるがはねるようにピョンピョン飛ぶ

指・手あそび

⑤じゃんけんしようよ　　　⑥グーグーグーグー　　　⑦チョキチョキチョキチョキ

拍手を4回する　　　　　両手でグーを出して　　　両手でチョキを出して
　　　　　　　　　　　4回上下(左右)にふる　　　4回上下(左右)にふる

⑧パッパッパッパッ　　　⑨グーチョキパッ

両手でパーを出して　　　両手でグーチョキパーと順に出す
4回上下(左右)にふる

⑩もいちどいっしょに　　⑪グーチョキパッ　グーチョキパッ

拍手を4回する　　　　　⑨の動作を2回繰り返す

指・手あそび 8

五人のこびと

作詞・作曲不詳／伊藤嘉子 編曲

♩=90ぐらい

1. こびとが ひとり
2. こびとの おうち
3. こびとが のぞく

こびとが ふたり
かわいい おうち
まどから のぞく

さんにん よにん
おまどが いつつ
ラッタラー ラッタラー

ごにんの こびと
ちいさい おまど
うたって のぞく

1番

①**こびとがひとり**
左手をひらき，右手人差し指で左手の親指をさす

②**こびとがふたり** 左手の人差し指をさす
③**さんにん** 左手の中指をさす
④**よにん** 左手の薬指をさす
⑤**ごにんのこびと** 左手の小指をさす

2番

①**こびとのおうち かわいいおうち**
両手を胸の前で家の屋根の形を作る

②**おまどがいつつ**
左手をひらき，右手の人差し指で左手の指の間を順番にさしていく

③**ちいさいおまど**
左手の小指の外側を右手の人差し指でさす 

3番

①**こびとがのぞく**
②**まどからのぞく** 
右手の指先をすぼめて左手のひらにつけてから，左手の指の間から右手の指先をのぞかせる

③**ラッタラーラッタラー うたってのぞく** 
指先を出したり，ひっこめたりする

指・手あそび 9

ピクニック

作詞・作曲不詳／木許 隆 編曲

1 と 5 で たこやき食べて
2 と 5 で ヤキソバ食べて
3 と 5 で スパゲティ食べて
4 と 5 で ケーキを食べて
5 と 5 で おにぎり作って
ピ ク ニ ッ ク　ヤッ！

① 1と5で

片方の手は人差し指を立てて出し，もう片方の手はひらいて出す

② たこやき食べて

くしに刺してたこやきを食べるまね

③ 2と5で

片方の手は人差し指と中指を立てて出し，もう片方の手はひらいて出す

④ ヤキソバ食べて

はしでヤキソバを食べるまね

ピクニック

⑤ 3と5で

片方の手は人差し指、中指、薬指を立てて出し、もう片方の手はひらいて出す

⑥ スパゲティ食べて

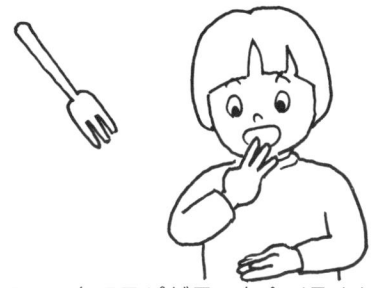

フォークでスパゲティを食べるまね

⑦ 4と5で

片方の手は親指以外の4本の指を立てて出し、もう片方の手はひらいて出す

⑧ ケーキを食べて

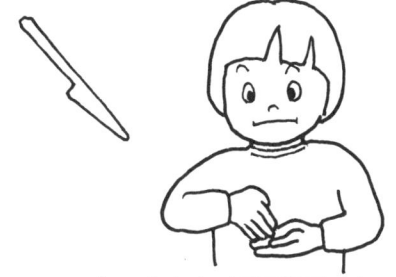

ケーキをナイフで切るまね

⑨ 5と5で

両手をひらいて出す

⑩ おにぎりつくって ピクニック

おにぎりを作っているまね

⑪ ヤッ！

かけ声と一緒に片手をげんこつにして上に突き出す

※遠足の話をするときなどによく使います。最後の「ヤッ！」のところで、うれしい気持ちを目いっぱい表現すると子どもたちも一緒に元気よく「ヤッ！」と声が出ます。

指・手あそび

指・手あそび 10
いっぴきの野ねずみ

作詞不詳・イギリス曲／伊藤嘉子　編曲

歌詞：
1. いっぴきのの
2. にーひきのの
3. さんびきのの
4. よんひきのの
5. ごーひきの

のねずみが　あなのなか　とびこんで　チュ チュッチュ チュチュチュ　チュッチュ チュッ とおおさわぎ

1番

① いっぴきの 
右手（左手）人差し指を立てて，細かく左右にふりながら，下から上へあげていく

② のねずみが 
左手（右手）人差し指で①の動作をする

③ あなのなか 
人差し指を立てたまま，両手で円を作る

いっぴきの野ねずみ

④とびこんで

左手で山型にトンネルを作り、右手をその中へ差し込む

⑤チュチュッチュチュ……

両手の人差し指同士を4回打ち合わせる（または、指を×印に打ち合わせてもよい）

⑥おおさわぎ

両手の1本指をキラキラさせながら下におろす

※2番、3番、4番の指を使う動作のところ（①、②、⑤、⑥）は、指をふやして行います。

2番　①にひきの　のねずみが……

3番　①さんびきの　のねずみが……

4番　①よんひきの　のねずみが……

5番　①ごひきの　のねずみが

手をひらいて1番①、②の動作をする

②あなのなか　とびこんで

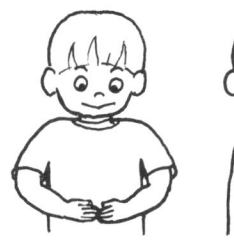

1番③、④の動作をする

③チュチュッチュチュ……

拍手を4回する

④おおさわぎ

両手をキラキラさせながらおろす

指・手あそび

指・手あそび 11

ピヨピヨひよこ

作詞・作曲不詳

1. コロコロたまごは ごはよ おりこうさん コロコロしてたら たらら ひよこになっちゃった
2. ピヨピヨひよこ ピヨ おおきくコケッ ピヨピヨしてたら たらら コケコになっちゃった
3. コロコロピヨ コケコがない よーがーあけ コケコッコー

1番

①コロコロたまごは

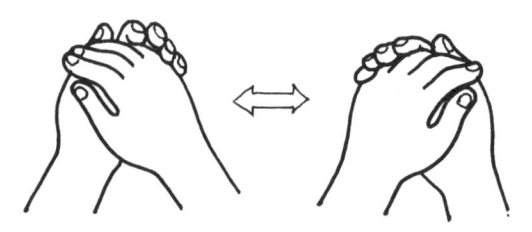

両手のひらを少しまるくして，おにぎりを作るように左手と右手を上下に動かす

②おりこうさん

左手をげんこつにして，右手のひらで左手のげんこつをなでる

③コロコロしてたら

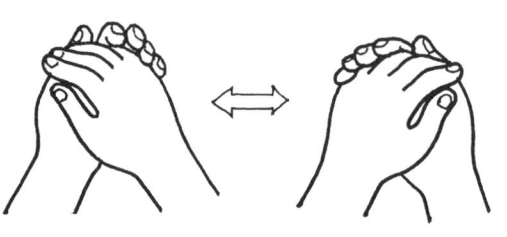

①の動作をする

④ひよこになっちゃった

両腕を体の後ろでバタバタさせる

ピヨピヨひよこ

2番

①ピヨピヨひよこは 
1番④の動作をする

②おりこうさん 
隣の人の頭をなでる

③ピヨピヨしてたら 
1番④の動作をする

④コケコになっちゃった 
左手で右ひじを支え，右手を立てて，手首をにわとりの首のように動かす

3番

①コロコロ
1番①の動作をする

②ピヨピヨ 
2番①の動作をする

③コケコッコー 
2番④の動作をする

④コケコがないたら 
2番④の動作で，右手の指をくちばしのようにひらいたり，とじたりする

⑤よがあけた 
バンザイをして，両手をキラキラさせながら上から下へおろしていく

※3番の最後に「コケコッコー」と両手を口にあてて鳴いてみましょう。

指・手あそび 12

小さな庭

作詞・作曲不詳

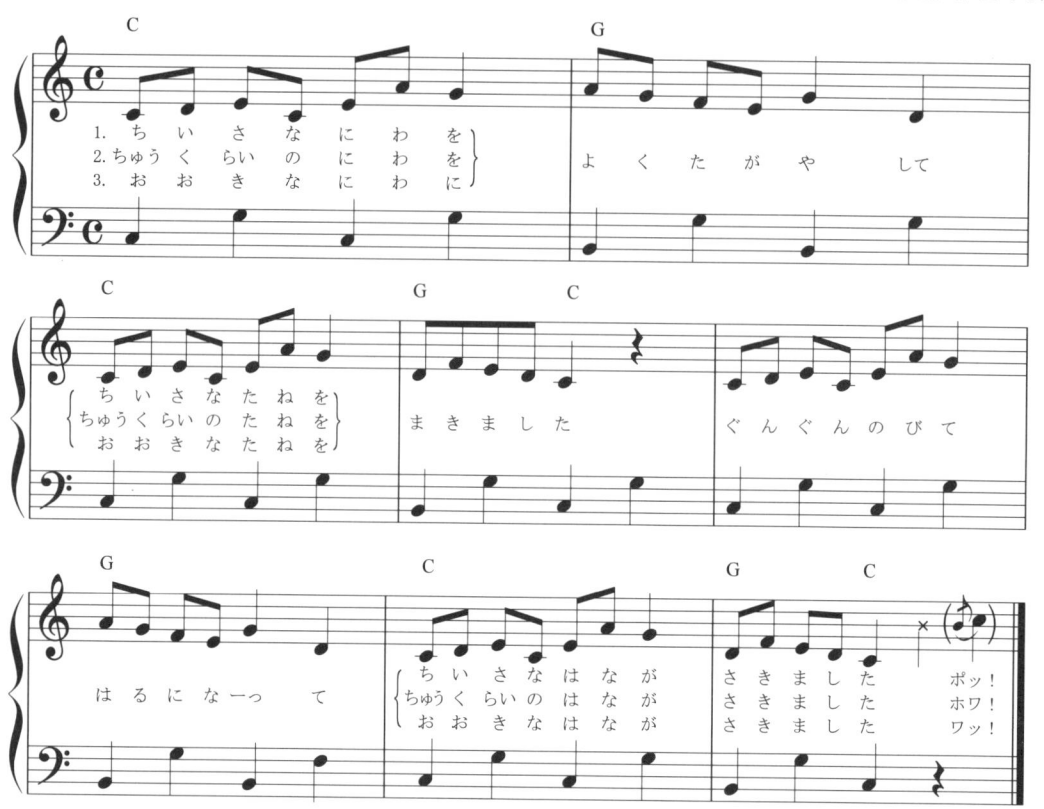

[楽譜]

1. ちいさなにわを
2. ちゅうくらいのにわを
3. おおきなにわに

よくたがやして

1. ちいさなたねを
2. ちゅうくらいのたねを
3. おおきなたねを

まきました　ぐんぐんのびて

はるになーって

1. ちいさなはなが
2. ちゅうくらいのはなが
3. おおきなはなが

さきました　さきました　ポッ！ホワッ！ワッ！

1番〜3番　※①〜③共通

①ちいさなにわを

両手の人差し指で小さな四角を描く

②よくたがやして

両手の人差し指を曲げたり伸ばしたりしながら左（右）から右（左）へ波形を描いていく

③ちいさなたねを

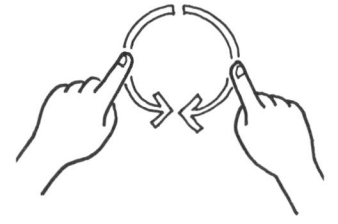

両手の人差し指で小さな円を描く

小さな庭

④まきました

左手のひらから右手で種をつまんでまく動作を2回する

⑤ぐんぐんのびて

両手のひらを合わせ,左右に細かくふりながら,下から上へ伸ばしていく

⑥はるになって

両手を頭のところから左右にひらひらさせながら下へおろす

⑦ちいさなはながさきました

両手首をくっつけて小さなつぼみを作る

1番
⑧ポッ！

両手首をくっつけたまま指の先を少しあける

2番
⑧ホワ！

両手首をくっつけて大きく指をひらく

3番
⑧ワッ！

両手を上に高く上げて指もひらく

※2番,3番ともに1番と同じ動作をしますが,動作はだんだん大きくしていきましょう。

指・手あそび

指・手あそび 13

親子のきつね

作詞・作曲不詳／伊藤嘉子　編曲

歌詞：
1. たーかいおやまの てっぺんに
2. おーやこのきさぼを てつないで
3. おーやまさのんかや ぺだまぶ
4. かあさんぼうを んがし

おやこのきつねがおったとさ
トコトコトコさんぼおがわを おいったたたたとささささ ーー おいったたたたとささささ
サラサラサラおおがわを
ポチャポチャおがわを

1番

①たかいおやまの
てっぺんに

両手で，頭の上で
円を作る

②おやこのきつねが
おったとさ

親指，中指，薬指をくっつけ，
人差し指と小指を立てて，両手
できつねの形を作る

③おったとさ

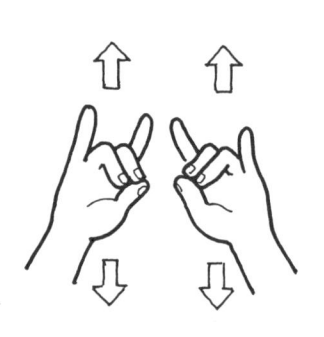

②の動作で，手首を軽く上
下にふる

親子のきつね

2番

①おやこのきつねは つれだって 
きつねの形のまま、両手で右の方向へ動かす

②トコトコさんぽに いったとさ 
手首を上下にふりながら、右から左へ動かす

③いったとさ 
2番②の動作で、左から右へ動かす

3番

①おやまのさかみち ななまがり 
両手を合わせて左右にふる

②サラサラおがわが あったとさ 
両手を右から左へ波をうたせながら動かす

③あったとさ 
3番②の動作で、左から右へ動かす

4番

①かあさん ぼうやを おんぶして 
きつねの形を作り、右（左）手を左（右）手の上にのせる

②ポチャポチャおがわを こえたとさ 
4番①の形のまま手を左右に動かす

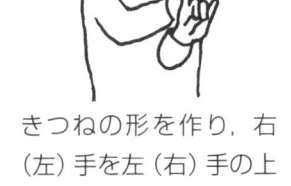

③こえたとさ 
拍手を3回する

※1番③「おったとさ」、2番③「いったとさ」、3番③「あったとさ」で、4番③「こえたとさ」と同様に拍手を3回するのもよいでしょう。

指・手あそび

指・手あそび 14

きんぎょさんとめだかさん

作詞・作曲不詳／伊藤嘉子　編曲

歌詞：
きんぎょさん と めだかさん の ちがい は ね
きんぎょさん は ふわふわ およいでね
めだかさん は ついつい およぐのよ
きんぎょさん と めだかさん が いっしょに およげば
ふわふわ ついつい ふわふわ ついつい

きんぎょさんとめだかさん

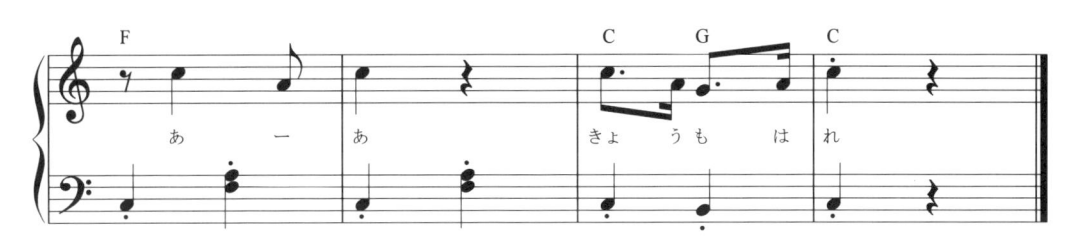

① きんぎょさんと めだかさんのちがいはね
拍手を7回する

② きんぎょさんは
拍手を2回する

③ ふわふわおよいでね
両手をひろげて体の横で上下にふわふわさせる

④ めだかさんは
拍手を2回する

⑤ ついついおよぐのよ
指をまっすぐ伸ばして右手と左手を交互に前に出す動作を繰り返す

⑥ きんぎょさんと
③の動作をする

⑦ めだかさんが
⑤の動作をする

⑧ いっしょにおよげば
拍手を4回する

⑨ ふわふわ ついつい ふわふわ ついつい
③と⑤の動作を2回繰り返す

⑩ あーあ きょうも
拍手を6回する

⑪ はれ
好きなポーズを作る

※きんぎょさんがふわふわとやわらかく動くのに対して,小さなめだかさんがコチコチになってスイスイおよぐ違いを表現しましょう。

指・手あそび

表現あそび 1

ちゅうりっぷ

近藤宮子 詞・井上武士 曲

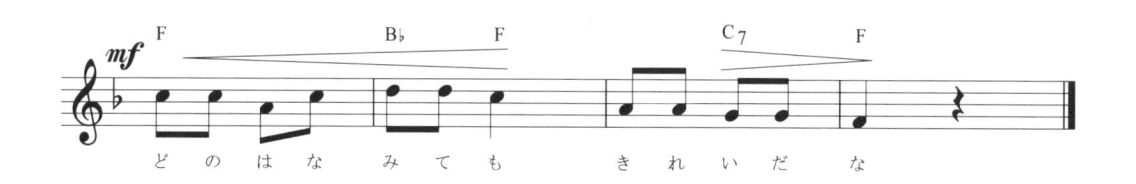

さいた さいた ちゅうりっぷの はなが
ならんだ ならんだ あかしろ きいろ
どのはな みても きれいだな

①さいた

両手首をくっつけて指先を上に向け，花の形を作る

②さいた

①の形から指先をだんだん広げていく（花がさいていく様子）

③ちゅうりっぷのはなが

花の形を作って左右にふる

ちゅうりっぷ

④ならんだ ならんだ

胸の前で両手のひらを合わせてから右手を前に出す

⑤あか

右手人差し指を下くちびるにあて，左から右に動かす

⑥しろ

右手人差し指で歯をさす

⑦きいろ

右手親指と人差し指を伸ばし（他の指は握る）おでこにあて，指をひらいたり，とじたりする

⑧どの

右手人差し指を出し指さす

⑨はな

③と同じ動作

⑩みても

左手のひらを胸に向け，右手人差し指と中指をそろえて前向きに出し，目の前から左手のひらに向かって出していく

⑪きれいだ

左手のひらを上に向け，その上を右手のひらで前へこする

⑫な

両手を胸の前で交差し，首を横にかしげる

表現あそび

表現あそび 2

ぶんぶんぶん

村野四郎　詞・文部省唱歌／伊藤嘉子　編曲

ぶんぶんぶん

①ぶんぶんぶん

右手をお尻につけ，人差し指を2回前後させる（蜂を身振りで表現。腰を曲げお尻を出すとかわいい表現になる）

②はちがとぶ

両手をひらき，両肩のところで上下にふるわせて羽の動きを表現する

③おいけの

両手で輪を作る

④まわりに

左手はそのままで，右手のひらを上に向けて左手小指側から外へ，半円を描くようにする

⑤のばらが さいたよ

両手首をくっつけ，つぼみの形を作り，指先をひらいていく

⑥ぶんぶんぶん はちがとぶ

①，②と同じ動作をする

表現あそび

69

表現あそび 3
おはながわらった

保富康午 詞・湯山 昭 曲

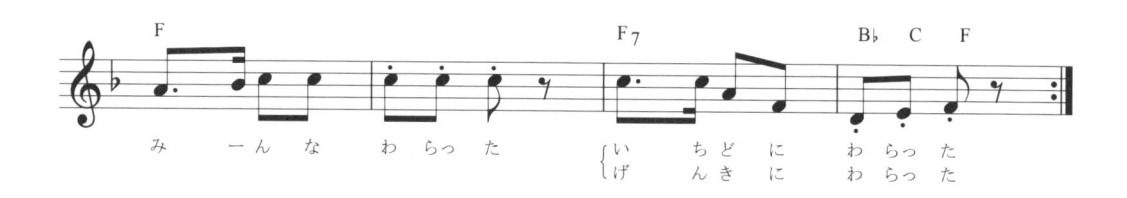

1.2. お はな が わ らった お はな が わ らった

お はな が わ らった お はな が わ らった

み ー ん な わ らった
｛い ち ど に わ らった
　げ ん き に わ らった｝

1番〜2番 ※①〜⑤共通

① おはなが

両手首をくっつけ指先を上に向けて花の形を作り，少しねじった感じにする

② わらった

ほほに両手をあてて指先をひらいたり，とじたりする

③ おはながわらった
　　おはながわらった
　　おはながわらった

①，②の動作を3回繰り返す

おはながわらった

④みんな

右手のひらを下に向け，腰のあたりで左側から右側へ半円を描く

⑤わらった

②と同じ動作をする

1番
⑥いちどに

両手の人差し指を立て，左右から中央へ寄せる（「一緒に」という意味）

2番
⑦わらった

②と同じ動作をする

⑥げんきに

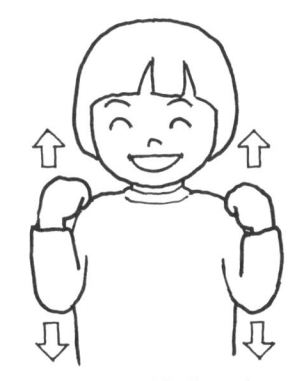

両手で力こぶを作り上下にゆらす

⑦わらった

②と同じ動作をする

表現あそび

※「わらった」の表現がたくさん出てきます。「わらう」の手話動作は簡単ですが，実際に表現するときにはにこやかに笑って表現してください。「げんきに」もいかにも元気だぞ，という仕草を忘れないようにしましょう。

表現あそび 4
せんせいとおともだち

吉岡 治 詞・越部信義 曲

[楽譜]

1.～3. せんせいと おともだち せんせいと おともだち

あに くら しゅさめ をつこ
あに くら しゅさめ をつこ
し し よ よ う う
ギュ ギュ ギュ
お は よう
メッ メッ メッ

| 1番～3番 | ※①～③共通 |

①せんせいと 
右手人差し指を下に向け，あごの下で左右に手首をふる

②おともだち
両手を組み，前後にふる

③せんせいと　おともだち 
①，②と同じ動作をする

せんせいとおともだち

1番

④あくしゅをしよう

両手のひらを斜め上下で向かい合わせ,胸の前で両手を組み合わせてから,両手を交差させ,それぞれ親指と人差し指の先を付けたり離したりする

⑤ギュ ギュ ギュ

両手を組み,リズムに合わせて組み替える(②の表現でもよい)

2番

④あいさつしよう

両手の人差し指を立てて互いにむき合わせ,指の関節を折り曲げてから,④の右と同じ表現をする

⑤おはよう

右手のげんこつをほおにあててから下におろし,顔の真ん中で手のひらを左に向け,そのままおじぎをする

3番

④にらめっこしよう メッ メッ メッ

自由な表現をする

表現あそび

表現あそび 5

いぬのおまわりさん

さとうよしみ 詞・大中 恩 曲

♩=104

1.2. まいごの まいごの こねこちゃん

1. あなたの おうちは どこですか おうちを きいても
2. このこの おうちは どこですか からすに きいても

わからない なまえを きいても わからない
わからない すずめに きいても わからない

いぬのおまわりさん

1番

①**まいごの まいごの** 
両手首を立て両手の甲同士をあててから，それぞれ左右に広げていく

②**こねこちゃん** 
両手をげんこつにし，手首を前後にふる

③**あなたの** 
右手人差し指を出し，指差す

④**おうちは** 
両手の指先をつけ合わせて家の屋根の形を作る

⑤**どこですか** 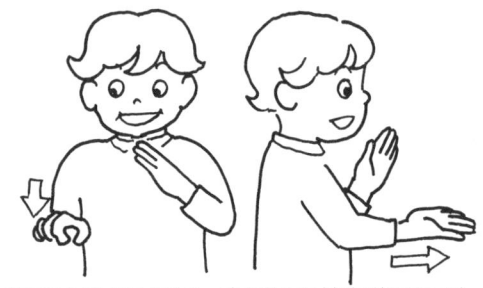
左手はそのままで，右手はお椀を伏せた形で下に小さくおろし，次に右手のひらを上に向けて小さく前に出す

⑥**おうちを** 
④と同じ動作

⑦**きいても** 
右手を耳にあててから前に差し出す

⑧**わからない** 
右手で胸の上部にふれ，払うように斜め前方にかきあげる（2回くりかえす）左右にふってもよい

⑨**なまえを** 
右手親指と人差し指で円を作り，左胸にあてる

⑩**きいても わからない** 
⑦，⑧と同じ動作

76

いぬのおまわりさん

⑪ニャンニャンニャニャーン
　ニャンニャンニャニャーン

②と同じ動作

⑫ないてばかりいる

または

両手の親指と人差し指で円を作り，涙が落ちる様子を表す（両手を目にあて泣くしぐさをしてもよい）

⑬こねこちゃん

②と同じ動作

⑭いぬの

頭に両手をつけ，指を前に倒して犬の耳の形にして，ふる

⑮おまわりさん

右手の親指と人差し指で円を作っておでこにあててから，敬礼をする

2番

⑯こまってしまって

右手のげんこつをほほにあて，右ひじに左手のげんこつをそえて，音楽に合わせて首を傾ける

⑰ワンワンワンワーン
　ワンワンワンワーン

⑭と同じ動作

①まいごの　まいごの　こねこちゃん

1番①，②と同じ動作

表現あそび

②このこの

右手人差し指で隣の人を指差す

③おうちは どこですか

1番④，⑤と同じ動作

④からすに

右手のひらで髪の毛をなでてから，口の前で右手親指と人差し指の先を上下に打ち合わせる

⑤きいても わからない

1番⑦，⑧と同じ動作

⑥すずめに

両手の親指と人差し指で円を作り，両ほほにあて，あごを少し上にあげる（すずめの模様を表している）

⑦きいても わからない

1番⑦，⑧と同じ動作

⑧ニャンニャン
　ニャニャーン……
　ワンワンワンワーン

1番⑪〜⑰と同じ動作

※「おまわりさん」のポーズは，親指と人差し指で小さな半円を作りますが，これはおまわりさんの帽子についている徽章を表しています。

表現あそび 6
とんぼのめがね

額賀誠志 詞・平井康三郎 曲／木許 隆 編曲

1.～3. とんぼの めがねは
みずいろ めがね
ぴかぴか めがね
あかい めがね

あー おいとけ おそらを とんだから らら
おてんやと おさまも とみだ かか
ゆうやけ おさぐも とんだ かか

とんだ かから らら
みた てん だだ かか
と ん

1番

①とんぼの ②めがねは ③みずいろ ④めがね

両手の人差し指と中指をそろえて伸ばし，両腕を交差させてそれぞれ指先を上下にふる

両目の横で親指と人差し指で円（めがねの形）を作って目にあてる

右手のひらを口にあて，クルッと半回転させてあごの横へ移動させる

②と同じ動作をする

⑤あおい おそらを

右手のひらをほほにあてて後ろに動かしてから，右手のひらを外に向けて左側から右斜め上へ半円を描く

⑥とんだから とんだから

①と同じ動作をする

2番

①とんぼの めがねは ②ぴかぴか ③めがね

1番①，②と同じ動作をする

両目の前でそれぞれ指先をひらいたり，とじたりする

1番②と同じ動作をする

とんぼのめがね

④おてんとさまを

両手の親指と人差し指で円を作り，下から外側へ弧を描きながら頭の上にあげる

⑤みてたから　みてたから

左手はそのままで，右手人差し指と中指をそろえて伸ばし，目の前から左手の作る半円に向けて斜め上にあげる

3番

①とんぼの　めがねは

1番①，②と同じ動作をする

②あかいろ

右手人差し指を下くちびるにあて，左から右へなぞる

③めがね

1番②と同じ動作をする

④ゆうやけ

右手親指と人差し指で円を作り（指先はつけない），手のひらを下に向けて出した左手の外側に静かに弧を描きながら上から下へおろしてから，3番②と同じ動作をする

⑤ぐもを

両手をひらいたり，とじたりしながら，目の前から左右に広げていく

⑥とんだから　とんだから

1番①と同じ動作をする

※「雲」の表現は，子どもの場合「風」の表現（下図）と同じになりやすいので，3番⑤の表現にしました。

表現あそび

表現あそび 7

きのこ

まどみちお 詞・くらかけ昭二 曲

きのこ

1番

①き　き　きのこ　き　き　きのこ

右手親指をのぞく4本の指を手のひらと垂直になるように曲げ，その上に左手をかぶせる

②ノコノコノコノコ

そのままリズムに合わせて自由に歩く

③あるいたりしない

ピタッと止まる

④き　き　きのこ　き　き　きのこ

①と同じ動作

⑤ノコノコ　あるいたりしないけど

②，③と同じ動作

⑥ぎんのあめあめ　ふったらば

両手を下に向け，肩のあたりで上下にふる

⑦せいがのびてくるるるるるるる

両手を肩にあて，ゆっくり上にあげていく

⑧いきてるいきてる　いきてるいきてる

げんこつを作り，曲げた両ひじをリズムに合わせて外側へつき出す

⑨きのこは　いきてるんだね

①の形を作ってから，⑧と同じ動作

2番

①き　き　きのこ　き　き　きのこ

1番①と同じ動作

きのこ

②ニョキニョキ
　ニョキニョキ

両手のひらを外に向け，体の横からリズムに合わせて腕をのばしていく

③うでなんか
　ださない

ピタッと止まると同時に両腕を組む

④き　き　きのこ
　き　き　きのこ

1番①と同じ動作

⑤ニョキニョキ

2番②と同じ動作

⑥うでなんか
　ださないが

2番③と同じ動作

⑦ぎんのあめあめ
　ふったらば

1番⑥と同じ動作

⑧かさがおおきく
　なるなるなるなる

両手で頭の上に三角形を作って，きのこのかさを表し，左右に広げていく

⑨いきてるいきてる
　いきてるいきてる

1番⑧と同じ動作

⑩きのこは　いきてるんだね

1番⑨と同じ動作（もしくは，自由に表現してみましょう）

※曲の最後の和音でしりもちをつきます。

表現あそび

表現あそび **8**

にじ

新沢としひこ 詞・中川ひろたか 曲

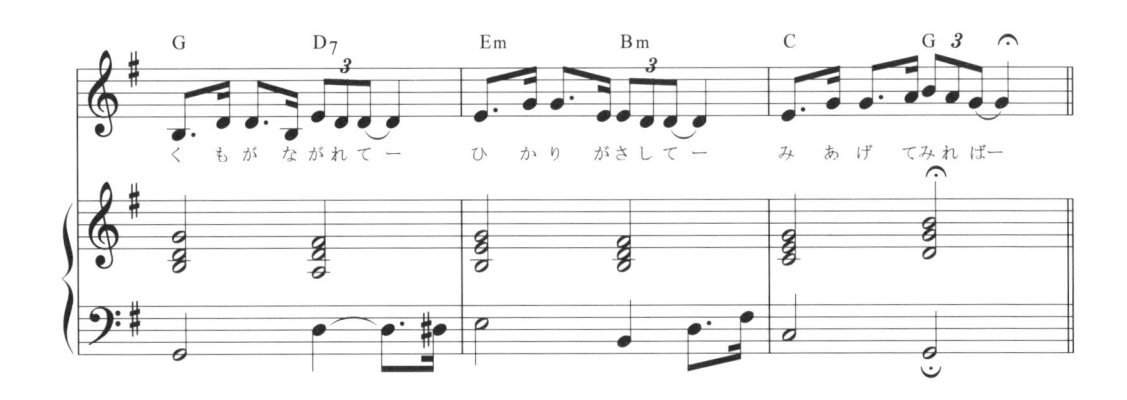

やさしい気持ちで

リコーダー

1. にわのシャベルが いちにちぬれて あめがあがって くしゃみをひとつ
2. せんたくものが いちにちぬれて かぜにふかれて くしゃみをひとつ
3. あのこのえんそく いちにちのびて なみだかわいて くしゃみをひとつ

くもが ながれて ひかりがさして みあげてみれば

にじ

ラララ にじが にじが― そらに かかって―
きみの きみの― きぶんも はれて― きっと あしたは―
いい てんき― きっと あしたは いい てんき

1番

①にわの

両手の指先を斜めに合わせ屋根の形を作ってから，左手はそのままで，右手のひらを下に向けて円を描く

②シャベルが

左手はそのままで，右手をげんこつにしてシャベルで土を掘る表現をする

③いちにち

立てた右手人差し指を左胸にあて，弧を描いて右胸にあてる

④ぬれて

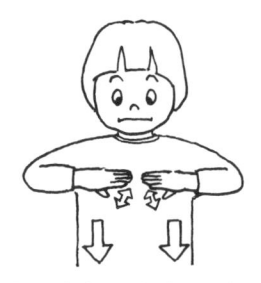

肩のあたりから両手の指先をひらいたり，とじたりしながら下へおろしていく

⑤あめが

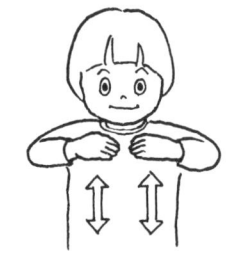

両手のひらを下に向け，肩のあたりで上下にふる

⑥あがって

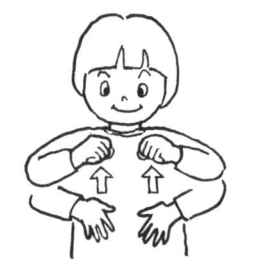

両手のひらを下に向け，サッと上にあげると同時にげんこつにする

⑦くしゃみを

両手のひらを鼻にあてる（くしゃみをする表現）

⑧ひとつ

右手人差し指を立てる

⑨くもが ながれて

両手のひらを外に向け，右上から左上へゆっくり移動させる

⑩ひかりがさして

⑨のあと左手はそのままで，右手をげんこつにし頭の上でパッと指先をひらく

⑪みあげてみれば

右手人差し指と中指を前方にのばし，下から上にあげると同時に頭も上にあげる

にじ

⑫ラララ　にじが　にじが

右手のひらを自分に向け，親指を上に，人差し指と中指を左に向けてのばし，左から右へ大きく半円を描く

⑬そらにかかって

右手はそのままにして，左手のひらを外に向け，右から左斜め上へ半円を描く

⑭きみの　きみの

リズムに合わせて，いろいろな人を指差す

⑮きぶんも

右手人差し指で，胸の前で円を描く

⑯はれて

両手のひらを外に向け，中央からそれぞれ斜め上に広げていく

⑰きっと

両手の小指同士をからませて軽くふる

⑱あしたは

右手人差し指を立て，顔の横から前に出す

⑲いいてんき

⑯と同じ動作

⑳きっと　あしたは　いいてんき

⑰，⑱，⑯と同じ動作

2番

①せんたくものが

両手をげんこつにし，洗濯をするようにこすり合わせてから，両手の親指を上に立て肩から下へおろす

表現あそび

89

②いちにち ぬれて　　③かぜに ふかれて　④くしゃみを ひとつ

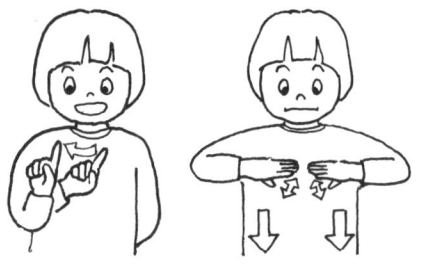

1番③, ④と同じ動作　　両手をそろえて右側から左斜め下へ振りおろす　　1番⑦, ⑧と同じ動作

⑤くもが ながれて…… いいてんき　　1番⑨〜⑳と同じ動作

3番

①あのこの　②えんそく　③いちにち　④のびて

1番⑭と同じ動作　　胸の前で両手のひらを向かい合わせ, 小さく前後させながら前に出していく　　1番③と同じ動作　　右手人差し指を立てたまま前に出していく

⑤なみだ　⑥かわいて　⑦くしゃみを ひとつ

両手で涙を流す表現をする　　目の下で左手のひらを上に向け, その上に右手の小指側をトンとのせる　　1番⑦, ⑧と同じ動作

⑧くもが ながれて…… いいてんき　　1番⑨〜⑳と同じ動作

表現あそび 9
あの青い空のように

丹羽謙治 詞・曲／伊藤嘉子 編曲

1番

①よろこび

両手を上と下にかまえ，手のひらを胸の前で上下にふる

②ひろげよ

両手のひらを下に向けて前に出す

③う

前に出した手を左右に広げていく

④ちいさな

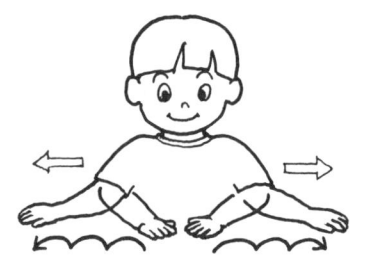

手のひらを下に向け体の前に出し，小さな山を描きながら，左右に広げていく

⑤ぼくたち

両手の親指と小指を出し，親指で胸を2回打つ

⑥だけど

そのまま胸の前から左右に手首をひねりながら広げていく

⑦あのあおい

右手人差し指を立て右上を指差す

⑧そらの

頭上で両手のひらを外に向け，肩の高さまで大きく円を描きながらおろす

⑨ように

両手を斜めにかまえ，親指と人差し指でそれぞれ円を作り，指先をひらいたり，とじたりする

あの青い空のように

⑩すみ 
左手のひらを上に向け，右手のひらを上から合わせてから右にずらす

⑪きった 
左手はそのままにして，右手人差し指を出し床を指差す

⑫こころに 
右手のひらを胸にあてる

⑬なるように 
左手を交差させて胸にあて，下を向く

2番

①さみし 
右手を胸にあてる

②さ 
左手を交差させて胸にあて，首をうなだれる

③わすれまい 
右手をげんこつにして顔の横で指をパッとひらき，次にその手を下におろすと同時に再びげんこつにする

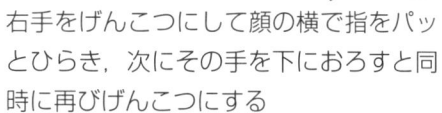

④ちいさな ぼくたちだけど…… こころになるように
1番④〜⑬と同じ動作

3番

①あかる 
両手のひらを外に向け顔をかくす

②さ 
そのまま左右にひらく

③いつまでも 
右手のひらを前に向け，顔の横から前へ押し出す

④ちいさな ぼくたちだけど…… こころになるように
1番④〜⑬と同じ動作

表現あそび

著者紹介

伊藤 嘉子　　＊本書の「Ⅱ 楽しい音楽あそび」を執筆担当

愛知学芸大学（現・愛知教育大学）音楽科卒業
1966〜1971年　岐阜東海女子短期大学常勤講師
1972〜1974年　イタリア留学
1975年　岡崎女子短期大学助教授を経て，1996年より同短期大学教授
　　　　その間，同附属幼稚園長兼務（1993〜1995年）
2003年　兵庫大学短期大学部教授

〈主な著書〉
『手話によるメッセージソング1』『手話によるメッセージソング2』『手話によるクリスマスソング』『手話で歌おう』『子どもとつくる劇あそび「ドラムジカ」』『「作って表現」とっておき20の実践』『手あそび歌あそび60』（以上，音楽之友社）『みんなだいすき手あそび指あそび表現あそび』『みんなだいすき音楽大冒険』『みんなだいすきどれみファンタジー』（エーティーエヌ）『なつかしいメロディーを手話でうたおう』（ドレミ楽譜出版社）『思い出の歌を手話でうたおう』（黎明書房）『はじめてのやさしい手話の歌あそび』『ベルの合奏ブック・手話表現つき』（以上，ひかりのくに）他多数

小川 英彦　　＊本書の「Ⅰ 障害児を理解する」を執筆担当

1957年　愛知県に生まれる
1983年　愛知教育大学大学院教育学研究科修了
　　　　名古屋市立の中学校と養護学校（現，特別支援学校）にて13年間障害児教育に携わる
　　　　その後，岡崎女子短期大学幼児教育学科の講師，助教授
2003年　愛知教育大学幼児教育講座の助教授を経て，現在同大学教授
日本保育学会，日本特殊教育学会，日本社会福祉学会，日本発達障害学会，SNE学会などに所属

〈主な著書〉
『障害のある子どもの保育』（共編著，みらい）『障害児の教授学入門』（共著，コレール社）『保育士をめざす人の養護原理』（共著，みらい）『保育者へのステージ』（共編著，愛智出版）『社会福祉援助技術論』（共著，保育出版社）『子どもの福祉と養護内容』（共著，ミネルヴァ書房）『障害のある子どもの理解と親支援』（共編著，明治図書）『保育士をめざす人の福祉施設実習』（共編著，みらい）『障害者教育・福祉の先駆者たち』（共著，麗澤大学出版会）など

障害児をはぐくむ楽しい保育
2007年3月31日　初版発行

著　者　　伊藤　嘉子
　　　　　小川　英彦
発行者　　武馬　久仁裕
印　刷　　藤原印刷株式会社
製　本　　協栄製本工業株式会社
発行所　　株式会社　黎明書房
〒460-0002　名古屋市中区丸の内3-6-27　EBSビル　☎052-962-3045
　　　　　FAX052-951-9065　振替・00880-1-59001
〒101-0051　東京連絡所・千代田区神田神保町1-32-2　南部ビル302号
　　　　　☎03-3268-3470

落丁本・乱丁本はお取替えします。　　ISBN978-4-654-02081-2
ⓒY.Ito, H.Ogawa 2007, Printed in Japan
日本音楽著作権協会（出）許諾　第0702931-701号

思い出の歌を手話でうたおう
――心にのこる四季の歌

B5・64頁 1700円

伊藤嘉子編著 「夕やけ こやけ」など，昔懐かしい歌を手話でうたってみませんか。音楽療法の効果もあり，手・指のリハビリやコミュニケーションにも役立つ一冊。

障害児教育＆遊びシリーズ①
障害児のための手づくりおもちゃ

B5・164頁 2000円

芸術教育研究所編 知的・身体的に障害のある子どもの発達段階に応じた68種のおもちゃを紹介。用意するもの，作り方，遊び方をイラストを交えわかりやすく解説。

障害児教育＆遊びシリーズ②
からだ・しつけ・ことばの指導
（幼児）

B5・186頁 2500円

芸術教育研究所編 国松五郎兵衛著 「からだ」「しつけ」「ことば」を関連させ，知的障害児の感覚・運動機能を段階的に伸ばす指導法を図入りで紹介。

障害児教育＆遊びシリーズ③
障害児の音楽指導

B5・150頁 2300円

芸術教育研究所編 松樹偕子執筆 音楽的な働きかけを通して障害児の発達を促し，音楽的表現を育む創意工夫に満ちた指導法を，体を動かすことから歌唱，合奏まで，図と楽譜で紹介。

障害児教育＆遊びシリーズ④
障害の重い子のための
「ふれあい体操」（CD付）

B5・76頁 2400円

丹羽陽一・武井弘幸著 養護学校の実践から生まれた「ふれ愛リラックス体操」「ふれ足体操」「ふれっ手体操」「変装しよう―顔あそび体操」のねらい，留意点，やり方を図を交え紹介。

障害児教育＆遊びシリーズ⑤
障害児のための授業づくりの技法
――個別の指導計画から授業研究まで

B5・128頁 2300円

太田正己編著 「訓練」「療法」ではない，障害児のための授業づくりのプロセスを，養護学校での実践に基づき紹介。個別の指導計画と授業づくり／授業展開と授業づくり／他

障害児教育＆遊びシリーズ⑥
イラストでわかる
障害児のリトミック指導

B5・172頁 2700円

望月勝久・山浦達雄他著 障害児の心と身体の発達に効果的なリトミック指導を自然動作反応，模倣動作反応，遊戯，総合に分け紹介。図と楽譜付きですぐに実践できる。

障害児教育＆遊びシリーズ⑦
障害児の遊びと手仕事
――遊具・教具のつくりかた

B5・156頁 2500円

森 哲弥著 重度障害のある子どものさまざまな条件にあった65種の遊びや手仕事を紹介。遊具・教具の作り方と遊び方を，イラストを交えて詳しく解説。

障害児教育＆遊びシリーズ⑧
かたち・ことば・かずのあそび90
（小学生）

B5・199頁 3100円

芸術教育研究所編 国松五郎兵衛著 著者の豊富な実践経験と教材研究に基づいたあそびを通して，知的障害児の形，言葉，数に対する認識力を段階的に高め，理解の基礎を育てる指導法。

※表示価格は本体価格です。別途消費税がかかります。

発達に心配りを必要とする子の育て方 Ａ５・240頁　2800円	松田ちから著　乳幼児期からの教具，歌や遊びを多数紹介。言語・着脱・排せつ等が自然に身につく技法を解説。『発達に遅れのある子の育て方』増補・改題。
０～３歳児のからだでワクワク表現あそび Ｂ５・80頁　1700円	芸術教育研究所監修　福島康・大森靖枝編著 「コアラの赤ちゃん」「びっくり箱ごっこ」など，身体の発育や運動機能の発達を促す０～３歳児の表現あそびをイラストを交え紹介。
４歳児のからだでワクワク表現あそび Ｂ５・64頁　1600円	芸術教育研究所監修　福島康・大森靖枝編著 大人と変わらない歩き方や細かな動作もできるようになってくる，４歳児の発達段階にあった表現あそびを，イラストを交え，35種紹介。
５歳児のからだでワクワク表現あそび Ｂ５・72頁　1700円	芸術教育研究所監修　福島康・大森靖枝編著 全身運動が滑らかに正確にできるようになってくる，５歳児の発達段階にあった表現あそびを，日常の表現あそびから発表会の作品まで紹介。
幼稚園・保育園のクラス担任シリーズ④ 活動を始める前の **ちょこっとシアターBEST41** Ａ５・93頁　1600円	グループこんぺいと編著　子どもたちが集中しないときに，子どもたちの心をギュッとつかむ，身近な素材を使った簡単シアターをそのまま使える言葉かけとともに紹介。
幼稚園・保育園のクラス担任シリーズ⑦ ピアノがなくても楽しめる **リズムあそびBEST40** Ａ５・93頁　1600円	グループこんぺいと編著　なじみのあるリズムあそびや歌にのせて，挨拶や自己紹介の仕方，数，食べ物の名前などが学べるあそび40種。忙しくても，ピアノが苦手でも，気軽にできる。
技法別 **０・１・２歳児の楽しい描画表現活動** Ｂ５・80頁（内カラー32頁）　2300円	芸術教育研究所監修　松浦龍子他著　なぐり描きやタンポ，スタンプ，シールなどの技法を使い，０・１・２歳児が楽しく取り組めるよう工夫された描画表現活動を，実例とともに詳述。
かんたん・きれい **幼児の新しい壁面構成** ＡＢ・96頁（内カラー32頁）　2200円	香山桂子・柳深雪作　簡単に作れて，見栄えのする色画用紙や樹脂粘土を使った四季の壁面構成などの作り方を，カラー写真とイラストで紹介。主な型紙と「製作目安時間」付き。
これだけは知っておきたい **保育の禁句・保育の名句** 四六・205頁　1600円	豊田君夫著　「いつまでぐずぐずしているの」など，子どもを傷つけ成長を阻害する，保育実践で使われがちな禁句を，事例を交え詳述する。禁句にかわる適切な言葉かけ（名句）も収録。

※表示価格は本体価格です。別途消費税がかかります。